非物质文化遗产保护理论与方法丛书

朝戈金 著

站在民众的立场上
——朝戈金非物质文化遗产研究文选

文化藝術出版社
Culture and Art Publishing House

图书在版编目（CIP）数据

站在民众的立场上：朝戈金非物质文化遗产研究
文选/朝戈金著. —北京：文化艺术出版社，2020.9
（非物质文化遗产保护理论与方法丛书）
ISBN 978-7-5039-6853-2

Ⅰ.①站… Ⅱ.①朝… Ⅲ.①非物质文化遗产—保护—中国—文集 Ⅳ.①G122-53

中国版本图书馆CIP数据核字（2019）第276687号

站在民众的立场上
——朝戈金非物质文化遗产研究文选

著　　者	朝戈金
责任编辑	魏　硕
责任校对	董　斌
书籍设计	顾　紫
出版发行	文化藝術出版社
地　　址	北京市东城区东四八条52号　（100700）
网　　址	www.caaph.com
电子邮箱	s@caaph.com
电　　话	（010）84057666（总编室）　84057667（办公室） 　　　　　84057696—84057699（发行部）
传　　真	（010）84057660（总编室）　84057670（办公室） 　　　　　84057690（发行部）
经　　销	新华书店
印　　刷	国英印务有限公司
版　　次	2020年9月第1版
印　　次	2020年9月第1次印刷
开　　本	710毫米×1000毫米　1/16
印　　张	10
字　　数	145千字
书　　号	ISBN 978-7-5039-6853-2
定　　价	49.80元

版权所有，侵权必究。如有印装错误，随时调换。

目 录

1	非物质文化遗产：从学理到实践
12	联合国教科文组织《保护非物质文化遗产伦理原则》：绎读与评骘
38	非物质文化遗产保护的人文学术维度
49	知识共享伙伴：非物质文化遗产保护中的民族志立场
58	作为认识论和方法论的口头传统
81	口头传统概说
89	国外"口头传统"研究和教学实践
95	口头／无形／非物质遗产漫议
100	口头传统在文明互鉴中的作用
106	站在民众的立场上
113	"一带一路"话语体系建设与文化遗产保护
131	附录一 访谈：面向人类口头表达文化的跨学科思维与实践
142	附录二 访谈：史诗与口头传统的当代困境与机遇
150	编后记

非物质文化遗产：从学理到实践

非物质文化遗产（Intangible Cultural Heritage，英语中习惯简称"ICH"，汉语习惯简称"非遗"）的保护工作近年得到联合国教科文组织的大力倡导，一时成为众多国家热心推进的事业。从联合国教科文组织推出《保护非物质文化遗产公约》（2003年10月通过，于2006年4月生效）的大约10年间，中国的"非遗"工作进行得热热闹闹，创造了不少成功模式，取得了令人瞩目的成绩，不过也伴随着成绩出现了不少问题。其中一些问题的产生，可以说是由于我国"非遗"从业者们没有能够准确地理解"非遗"的内涵和特征造成的。

一、"非遗"理念的学理性基础

没有实践的理论是空洞的，而没有理论的指导，实践往往会出现偏差。联合国教科文组织从开始倡导"非遗"理念和行动至今，其间从称呼到行动方针，也一直有变化和调整。一开始叫"口头和非物质遗产"（Oral and Intangible Heritage），现在叫"非物质文化遗产"（Intangible Cultural Heritage）。国内在翻译和介绍这些概念的过程中，也先后数度做出调整。概念的反复调整说明国际社会尤其是国际学界在如何认定和理解"非物质文化遗产"上，也经历了一个认识逐步深化的过程。

概括地说,"非遗"的推出不是偶然的,它与来自众多人文学科的学者们的一系列学术反思直接相关。1960年美国哈佛大学教授阿尔伯特·洛德（Albert B. Lord）出版了《故事的歌手》[①]。1961年到1962年间,欧美多位学者不约而同地讨论了口头和书写的关系,他们是传播学家马歇尔·麦克卢汉（Marshall McLuhan）的《古腾堡星光灿烂》（The Gutenberg Galaxy, 1962),结构主义人类学家列维-斯特劳斯（Claude Levi-Strauss）的《野性的思维》（La Pensee Sauvage, 1962),社会人类学家杰克·古迪（Jack Goody）和小说理论家伊恩·瓦特（Ian Watt）合写的论文《书写的逻辑成果》（The Consequences of Literacy, 1963),以及古典学者埃里克·哈夫洛克（Eric Havelock）的文章《柏拉图导言》（Preface to Plato, 1963)。他们不约而同地讨论了同一个问题——在人类文明的发展进程中,书写技术与口传文化到底分别扮演了什么角色？这几位学者分成两派,一派认为书写（特别是希腊字母书写）对于人类智力的发展和文明的进步起了巨大的推动作用,如逻辑推理能力、数学高次方运算,等等;另一派认为到今天还有几千种语言是没有文字的,这些无文字社会也发展出了复杂的技术和文明,可见对文字的作用没有必要过分夸大云云[②]。这些讨论是今天"非遗"范畴的重要学理性基础,它们引发了后来国际学界对人类口头传承文化的关注,进而经过提升和扩展,发展为非物质文化遗产。

国际学界经过长时间讨论,大体形成如下共识:人类文明传承主要靠两个方式赓续,一个是口头交流,另一个是文字书写。一些科学家通过不同途径的研究证实,人类会说话的历史距今有12万年到20万年。文字的发明和使用只有数千年。总之,口头交流历史较长,书写技术历史较短。历史上文盲多,识字者寡,各地区、各文明传统、各历史时期,

---

[①] ［美］阿尔伯特·贝茨·洛德：《故事的歌手》,尹虎彬译,中华书局2004年版。
[②] 巴莫曲布嫫：《口头传统·书写文化·电子传媒——兼谈文化多样性讨论中的民俗学视界》,《广西民族研究》2004年第2期。

大多如此。口头交流与书写技术又相互渗透和影响，且并行不悖。不过，制度化教育体系的建立，主要植根于书写文明的充分发展。西方的现代知识体系和教育体系，就是最典型的例子。"读书识字"长期与"高雅""有教养""文明""高等次"等关联，而"口传文化"则往往与"低俗""粗鄙""下里巴人"等观念相关，且相沿成习，中外皆然。不过，来自人类学、民俗学和民族学的大量田野调查报告告诉我们，在我们今天所知的数量极为可观的各地无文字社会中，保留了大量精巧的、发达的、在艺术上水平很高的知识和文化，仅就其语言艺术而言，也堪称奇迹。举个中国的例子，藏族文盲史诗歌手桑珠肚子里的《格萨尔》故事，选出一半多出版，就有46卷之多！其篇幅、其语言造诣、其艺术感染力，都堪称口传文化的一个奇迹。

总之，关于口语交流技术的特征及其作用的深度反思，导致了后来"非遗"理念的大行其道。所以，"非遗"的底层支撑物，就是"口头文化"。

二、与文化遗产有关的几个国际公约各有侧重点

联合国教科文组织近年制定了几个公约，它们在保护和促进文化发展方面，各有不同的立足点和侧重点。我们不必纠缠细节，只看大的方面。《保护和促进文化表现形式多样性公约》更多关注文化产品和文化制造方面，强调文化的创新。《保护世界文化和自然遗产公约》主要涉及"有形"遗产，比如长城、泰山等。《保护非物质文化遗产公约》强调保护的是"无形"的遗产，是知识和技能，而不是"有形"的物体。譬如"剪纸技艺""古琴艺术"等，着重点都在无形的遗产方面。

从事"非遗"工作的专业人士，需要了解如下事实：这些公约之间是有关联的，它们共同构成了类似谱系的关系，涵盖了人类这个物种在文明演进过程中形成和发展起来的有价值和意义的"遗产"。在人类的未来进步中，这些遗产具有极为多样化的功用和不可或缺的意义。人类在

面对复杂的自然环境和社会环境的挑战时，这些遗产所蕴含的海量知识，或许会发挥超乎我们所能够想象的作用。在过去、现在和将来，它们都是从事艺术创新时汲取灵感和智慧的源泉。所以说，保护这些遗产，不仅是为祖先的辉煌创造能力留下证据，而且是为我们子孙后代的福祉保留珍贵的思想养料。

三、《保护非物质文化遗产公约》的几大特质

非物质文化遗产的一个最大属性在于它是与人及人的活动相联系和共生的。我们今天从事非物质文化遗产保护工作，要时刻牢记"非遗"的这个属性。自然遗产和许多其他类型的文化遗产，一经产生或创造出来，就可以说是一个独立的存在，它不依赖于人作为其存在的前提。"非遗"则不同，"非遗"是依附于人而存在的，人的存在是"非遗"存在的前提，没有人就没有"非遗"，这是刘魁立先生的精妙总结。有了这种属性，我们就能够理解为什么"非遗"的保护，首先体现为传承人的保护，道理就在这儿。

"非遗"的另一个突出属性，是对它的认定，主要是由民众所决定的。不久前在成都召开的"非遗"国际论坛上，与会代表重新反思、讨论和深化了对《保护非物质文化遗产公约》的理解，其中得到强化的一点是，"非遗"项目的认定和界定，由该遗产的传承人或传承社区说了算。《保护世界文化和自然遗产公约》和若干其他公约，由专家评审，专家说了算。考古学家、文物专家、古建筑专家等，他们讨论确定一宗遗产的年代、历史价值和审美价值等。非物质文化遗产的认定，则往往依赖遗产传承人或持有遗产的社区，他们的态度和意见，特别是他们的价值判断，发挥关键作用。当然，在一些情况下，专家的意见也发挥作用。但就总体而言，对特定遗产该如何界定、如何命名、如何制定传承策略，这些环节都需要民众的直接参与，而且往往以民众的意见为主。

"非遗"的再一个属性，也与人的存在和人的活动有关，这就是"非

遗"存在和传承的"整体性原则"。刘魁立先生多次强调过这个原则。在我看来,"非遗"的知识体系延伸到民众生活的各个方面,对某个事象的理解,离不开对其他事象的整体理解。这就像一张网,一个结点与许多其他结点是彼此关联的。比如游牧文化中的"非遗"事象,从生产活动、生活知识到文学艺术创造,与蒙古人对宇宙和自然的整体认识密切相关,它们共同构成了一个完整的知识体系,就像一个生命体。截取任何一个片段、一个环节来剖析的时候,都需要有对整体的把握。不了解他们的世界观,就不能解读他们仪式活动的蕴涵。不了解自然界的规律和法则,就不能理解他们生产活动的那些特别的技能是如何产生和发挥作用的。总之,民众的知识体系是完整的、流动的和有生命的,只不过它显露给旁观者的,往往是某些片段,某些环节,就像一颗玲珑的宝石,你只看到一两个切割面,并不能对宝石的整体样貌特点有完整的认识。

以《亚鲁王》为例,我2012年去贵州省紫云苗族布依族自治县对《亚鲁王》的情况做了很粗浅的了解。据当地人们说,《亚鲁王》刚被发现和记录时,当地的文化干部和参与《亚鲁王》收集整理工作的人有几点弄不懂:第一,它前面部分有相当内容不知所云,从逻辑上和常理上推断,内容不连贯,意思不清楚。第二,《亚鲁王》是守着棺材唱给亡灵的。民间文艺活动的娱乐功能往往很强,一般是娱人的,这种情况该如何理解?经过较长时间的跟踪调查、访问和了解,人们才得知,麻山苗族有一套自己的宇宙观。他们认为,自己的祖先来自另外的星球,经过漫长的迁徙才定居到这里。当一个人走完了一生,要唱着《亚鲁王》把他的魂灵送回故地。所以,讲述万物起源,迁徙历程,都是为了给亡灵"指路"。如果不了解它背后的知识,就不可能明白这里的叙事内容。

四、非物质文化遗产属于全人类

人类的自然和文化遗产,都会标明项目所从属的国家和民族等,只有非物质文化遗产不强调特定国家或民族的"专属"或"持有",而是强调它们是"人类的"代表作。不久前发生过个别"非遗"项目引起不同国度之间争执的情况。国内外某些媒体推波助澜，号召"保卫"某些项目的"文化主权"等。若是回到联合国教科文组织所倡导的理念上来，我们就会明白，联合国教科文组织强调"非遗"作为人类的文明成果、作为特定的知识体系，是应该共享的，而不是要标榜对它们的"独占"。我们知道不是所有知识都会与人共享，例如宣纸的制作技艺，我们就不会与其他国家共享。但是就基本理念或总体情况而言，联合国教科文组织大力推动和鼓励跨国联合申报，就是对共享的提倡。各国起初都不大注意这一点，而是热衷于申报所谓"独具特色"的项目，以期得到国际社会的认可和赞誉，从而提升民族文化的自豪感。不仅在国际场合争夺专属权，在国内也一样。有些传承久、影响广的项目，如中国四大传说，就有争"产地"和"专属权"的情况。这些恼人的问题，也多少影响了"非遗"评审工作。首先我们心里应该明白，不能采取排斥的办法，因为很多项目不是非此即彼的。譬如，剪纸艺术，全国到处都有，有些地方比较有特点、有规模，就可以认定这个地方是个传承的密集带，剪纸品种多、水平高、影响大，这是通行做法。

五、"非遗"项目很多是跨界和交叉的

我们做研究工作往往从对象的分类开始。在民间文艺中，我们常说这个是史诗，那个是歌谣，另外一个是故事，等等。我们给它一个精准的定位，便于我们便捷地把握它的内涵、价值和特点。不过，我们切不可忘记，民俗事象是民众生活的一个组成部分，它们是为了生活的需要而被创造出来的，它们的存在和发展也不会受到专家分类的影响。这里举例说明，在联合国教科文组织的人类非物质文化遗产代表作名录中，有好几十项是按照"口头传统"申报列入的。经初步研究，我们发现这些项目都是混合项目或涵盖多个分类选项的项目。比如印度的吠陀圣歌传统，它是把口头演述与古代书面经典，以及对经典的诵读——语词艺

术和表演艺术——结合在一起的。南美的一个项目是口头传统与绘画技艺相结合的，身体彩绘和图案，美轮美奂，繁复无比。当地土著老人说，光是颜料的配方就特别复杂。不经多年训练，一个人不可能掌握这套技艺，更为有趣的是，它是和口头传统交织在一起的，不能分开。在另外一些文化中，口头传统可能与音乐相结合，比如意大利撒丁岛的牧歌传统，它是按口头传统来申报的，这些音乐的学习和诵唱确实主要是在口耳相传的方式中传承的。还有一些口头传统和集体舞蹈、民俗事象，或宗教仪式结合在一起。总之，可能一个项目兼有多重属性，在实践中就需要去了解这个项目中最主要的特征。

在实践中，面临"非遗"工作评审时，有些项目可能会在不同的组别之间流动。会有人说，这个项目说是曲艺有点勉强，不如拿到民间文学组去评审；另有专家说，某个项目不应该是民间文学，应该拿到民俗组评审。为什么会出现这样的现象？就是因为这些项目本身太复杂。比如云南景颇族的"目瑙斋瓦"，是在广场上几百人跳舞，四周立四根巨大的柱子，上面刻着花纹图案，代表浓缩的故事情节，集体舞蹈的行进路线和步伐也大有讲究，你说它是集体舞蹈还是民间叙事，或是该放在"文化空间"中考虑？彝族的克智论辩，也是一个典型的例子：两个歌手要轮替唱长篇的先祖谱系和英雄事迹。克智论辩会出现在不同场合，如婚礼或葬礼，根据场合不同，它的内容和表达也有所不同，故事分公本母本，分黑本白本，各有功用。在具体情境中，一宗叙事看起来是英雄史诗，但它却是嵌在一个更大的民间仪式活动中，是它的一个有机组成的部分。总之，这种民间事象跨界的属性，与其他文类和形式相结合的属性，就告诉我们不能过于简单地理解民间文化。

六、非遗工作对象无边无际

先拿叙事文本来说，民间文本往往是不可穷尽的。美国的"帕里洛德学派"有个很著名的论断，你记录了一个歌手一首歌，这首歌叫"the song",或者叫"这一首歌"。这首歌在民间存在时被认为是"a song",是大家都知道的"一首歌"。这里有两重意思,第一是说不同时间采录到的"这一首歌"彼此之间会有差别。第二是说,不大可能把民间蕴藏的所有的歌"一网打尽"。只有它被唱出来了,你记下来了,经过科学的文本制作流程之后,它被文本化了,才成为你保存和研究的样本。一个文本社区的取样范围越大,你就越不可能穷尽它那难以探究边界和规模的库藏。美国人做过实验,把同一个歌手的同一个故事在不同时间点上反复去录几次,比较之后发现它们相互之间的差别很大。此外,一位歌手本身的曲目库也在不停地变化,或者学了新的,或者忘记了某些旧的,等等。故事尚且如此,其他那些与民众日常生活结合得更为紧密的事象,情况就更为复杂。那些随时发生、随时消失的民俗事象,像节庆活动、仪式活动、信仰活动等,更如何能穷尽呢?它们不仅要长期传承,而且要随时代变化而变化。把一个随时变动中的生活世界作为我们的工作对象,准确把握它的难度之大,就可想而知了。

对于杰出的演述者个人是这样,对于整个演唱传统,也是如此。到今天我们也没能说清楚藏族史诗《格萨尔》到底有多少部、有多少诗行,就从一个侧面证明了这一点。为什么没法子准确统计?因为歌手还在不断地出现,演述传统还在不断地发展变化。不能穷尽研究对象,怎么能够从整体上把握它?所以,从这个意义上说,试图穷尽资料,竭泽而渔,在民间文化中,往往是不切合实际的。这里也奉劝那些设计"大全"式资料收集建档工作的"非遗"从业人员,要懂得适可而止,懂得"样例"与"全体"的辩证关系。

七、参与观察、忠实记录的田野方法

在全国各地的大量民间文学的资料搜集过程中,常常见到不遵守参与观察、忠实记录这个田野方法的情况。西方一些学术机构,要求撰写人类学学位论文的学生,做田野调查的时间要一年以上,要学习当地的语言，尽量完整地了解当地的社会结构、信仰体系、精神活动、生计问题，等等。为什么至少要一年？因为从春到冬，每个季节、每个重大事件，都要参与观察，才能知道一个社区在一个年度的循环中都有什么样的活动和事件。你不了解民间的知识体系，对它的描写和解读往往就是盲人摸象，只能就你看到的说话，你觉得你看明白了，其实眼见未必为实，因为你只看到了表象和一些碎片，没有看到整体，没有看到各部分之间的有机关联。观察若是片面的，阐释和结论就难免偏颇。

忠实记录的原则，在我国讨论了至少几十年。20世纪五六十年代就有过争论，到今天仍没有解决好。理论上似乎是清楚了，实践中却往往不能恪守其原则。为什么？读书识字的人有优越感，觉得自己比老百姓高明，民间的那点玩意儿他很容易弄明白，既然比老百姓高明，高明人改不高明的玩意儿，还算是事儿吗？于是，那些在高雅之士看来不够精练和雅致的地方，都被改掉了。我最近还写了篇文章批判这种现象，如用大型的少数民族史诗来说，他认为张三这个艺人开头部分讲得漂亮，后面就不行了；李四那个艺人中间讲得好，但是结尾不精彩；而王五结尾好，所以他就把这三个艺人的文本拼接在一起，就像做外科手术，不仅切割，还修补、缝合。用这种方式来试图提升民间文化的艺术水准，这往往是很大的破坏。其他人若是以此为依据来做研究，一定会出差错。有人说，《荷马史诗》不是由一个人创作的，一个证据就是《荷马史诗》中的语言涵盖了希腊好几个地方的方言，而且语言现象也有几百年的跨度。这些在文本中都得到了保留。假如当初出来一个主观性很强的编辑者，把诸多方言都统一修改为一种，那后人会得出多么离谱的结论来。

八、尊重遗产持有人的权益

对遗产持有人权益的尊重，是一个争议较多的话题。在实践中，落实起来也很不容易。目前，这方面的问题不少，媒体也有相关报道。如果对这方面的问题认识不及时、处理不到位，就会成为隐患，即使今天不爆发，以后也会爆发。在历史上，比如18、19世纪发动民间文学记录热潮的西欧和北欧，调查者也不是一开始就懂得尊重民间文艺遗产持有人的权益，故事的记录，民歌的搜集，多是只记录地域族群等信息，歌者的信息一概阙如。后来随着国际学界在学术伦理方面的成熟，才出现着意保护遗产持有人权益的意识。今天，联合国教科文组织在这方面做得非常好，无论从民间取得什么资料，都要有事先知情和同意的书证，而且要申明不用于商业目的。

我这两年在几次会上都批评过个别现象，有些大型出版物，赫然印在书上的是整理者的姓名，演述人反而被忽略了。我相信有些是无意的，至少不是主观恶意侵害演述人的权益，但客观上就给人留下这样的印象，给学界留下了负面的例子。在这个问题上，我们应该向西方学者学习，他们形成了一套细致的操作指南和惯例，事先知情权、权利让渡书等的使用，保证了对遗产持有人权益的尊重。

九、如何理解"非遗"的"原生态"或"本真性"

近些年来，社会上流行着一些概念，比如"原生态民歌"，比如某种技艺是"古法""正宗"等，搞得大家在认识上有点模糊。这是一个很重要的问题，牵涉到如何理解和甄选认定遗产项目等。在我看来，所谓"正宗"也好，"原生态"也好，只是一种当时人的"愿景"——所谓"原生态"，算到哪儿是一站呢？对于民国时期的人来讲，可能清朝的玩意儿是正宗；对于20世纪50年代采录民间文艺的人来讲，50年代之前的东西大体算"原生态"。总之，倾向于往前找。问题是，时间上往前追溯，也只能是极为相对的。时间是线性流动的，民间文化是在时间流动中向前发展的，什么算正统？我看无法回答。所以，对今天从民间采录到的某些事象，也要从相对的意义上去理解，不能一味追求所谓的"原生态"。在联合国教科文组织"非遗"工作的框架下，"本真性"（authenticity）这个词是不用的，就是因为所有被宣称为"原生态"的东西，都只是相对的，是水中月、镜中花。

　　民间文化是一套庞杂和动态的知识体系，这套知识体系是从古代流传到今天的，在这个过程中不断会有一些不适应新社会条件的部分，在历史进程中慢慢淡出，被遗忘、被淘汰。同时，随着时代的发展，又不断会有新的东西进来，这是民间文化的主要形态，所以要把文化过程理解为流动的有生命的过程。拥有了这样的观念，很多事情就好理解了。取舍、界定、阐发民间文化事象时，我们就不会轻易割裂它们，肢解它们，断章取义。

　　总之，上述9个问题，我认为是理解"非遗"的若干把钥匙。这些问题都认识清楚了，"非遗"工作就会少走弯路，少犯错误。

［原载《西北民族大学学报（哲学社会科学版）》2015年第2期］

联合国教科文组织《保护非物质文化遗产伦理原则》：绎读与评骘

2015年12月4日是一个值得标注的非常时刻。联合国教科文组织（UNESCO，以下简称"教科文组织"）保护非物质文化遗产政府间委员会（IGC—ICH，以下简称"委员会"）在其第十届常会上（纳米比亚温得和克市）审议并通过了《保护非物质文化遗产伦理原则》(Ethical Principles for Safeguarding Intangible Cultural Heritage，以下简称"十二条伦理原则"）①。这是教科文组织在文化遗产领域推动形成的又一份重要的国际文件，正式为2003年通过的《保护非物质文化遗产公约》（以下简称"2003年《公约》"或《公约》）②赋予了伦理维度，其纲领意义和指导作用将在地方、国家和国际层面的非物质文化遗产保护进程中日益凸显出来，也将为全球范围内的文化遗产保护和伦理实践提供可资深拓和发展的多向化路径。这里，笔者还想提及的是，中国民俗学会出席这次会

---

① 这份文件的中文译本已由长期在非遗领域工作且熟悉教科文组织工作语汇的两位同道完成（联合国教科文组织：《保护非物质文化遗产伦理原则》，巴莫曲布嫫、张玲译，《民族文学研究》2016年第3期）。原文可从以下网页获取：http://www.unesco.org/culture/ich/en/decisions/10.COM/15.A。

② UNESCO, *Convention for the Safeguarding of the Intangible Cultural Heritage*, 2003. 中文订正本见http://unesdoc.unesco.org/images//0013/001325/132540c.pdf，2016-07-16。

议的代表团见证了该文件进入审议、辩论、修正和通过的全过程。这也是我们能够"近水楼台先得月"地了解并领会国际层面的相关进展和委员会精神的一个契机。

一、从"老鹰之歌"到瓦伦西亚专家会议：伦理关切

1970年，美国歌手保罗·西蒙（Paul Simon）的一支单曲风行于世，很快人们就发现这首名叫《老鹰在飞》(*El Condor Pasa*)的歌，实际上是一支玻利维亚民谣，后来也有人称这首民歌在整个南美都有流传[①]。1973年10月1日，玻利维亚政府以其教育与文化部的名义向教科文组织政府间版权委员会第12次会议提交了一份《保护民俗国际文书提案》[②]，此举后来便成为2003年《公约》的先声。此后未久，教科文组织和世界知识产权组织（WIPO）便联手在世界范围内发起"保护民俗"（Protection of Folklore）的行动计划，双方共同拟定了示范条款的工作模型。该计划虽然历经各种波折并饱受诟病，但在1989年11月通过了《保护传统文化和民俗建议案》[③]（以下简称《建议案》）。可以毫不夸张地说，玻利维亚政府的"权利主张"背后，实际牵涉艺术家是否"挪用"或"滥用"该国民间文学艺术并使之商品化而获得非正当商业利益的伦理考问。

公允地说，这份《建议案》也为晚近出台的"十二条伦理原则"奠定了至关重要的实践基础。所谓基础，特别是指在该《建议案》中，言

---

① 1913年，秘鲁作曲家达尼埃尔·阿洛米亚·罗布莱斯（Daniel Alomia Robles）按照安第斯山区流传的这支民谣谱写成曲；近些年，秘鲁政府宣布这首曲为该国的国家文化遗产。
② *Proposal for International Instrument for the Protection of Folklore*，LA-73/CONF.005/12.
③ UNESCO, *Recommendation on the Safeguarding of Traditional Culture and Folklore*，1989. 在教科文组织的官方文件中又译作《保护民间创作建议案》，而世界知识产权组织则一直将其中的关键概念"folklore"译为"民间文学艺术"，有时也以"传统表达形式"替换之。有关1989年《建议案》与2003年《公约》的内在关联，参见巴莫曲布嫫《非物质文化遗产：从概念到实践》，《民族艺术》2008年第1期，亦见安德明《非物质文化遗产保护：民俗学的两难选择》，《河南社会科学》2008年第1期。

及传统共同体——社区的地位和作用,言及民俗在传达文化认同和社区价值观方面的重要意义等,尤其是其中就"民俗的传播"已明确提出"鼓励国际科学共同体采纳一套**伦理准则**（a code of ethics）,以确保以适当的方式对待传统文化并对之予以**尊重**"。作为教科文组织的一份重要国际文书,《建议案》旨在敦促各国政府承担起保护传统文化和民俗的历史责任,同时呼吁"科学共同体"[①]提供必要的伦理支持和道义协助,以推动这种保护。从玻利维亚提案的未通过到"十二条伦理原则"的出台,我们或许能够找到一条潜在的线索,那就是对民间文学艺术和非物质文化遗产的商业利用、挪用和滥用,从一个国家蔓延为全球性的普遍关切,尤其是自2003年《公约》实施以来,各国非物质文化遗产的存续力在得到进一步保护的同时,也随着可见度的日益提升而遭遇各种各样的威胁和挑战,伦理方面形成的颉颃、矛盾和冲突也尤为突出。

《保护非物质文化遗产公约》正式生效于2006年,《实施〈保护非物质文化遗产公约〉的操作指南》(以下简称《操作指南》)则于2008年颁布,此后还经过了多次修正[②]。虽然在指导多元化行动方保护非物质文化遗产的伦理方面,不论是《公约》还是其《操作指南》都未提供专门的伦理方针或具体的行为规范,但伦理关切在《操作指南》的某些章节中已形成相应的表述,比如第93段规定"经认证的非政府组织应遵守

---

① "科学共同体"这一概念的提出由来已久,但发展到今天,也可以理解为"学术共同体"。在非物质文化遗产领域,民俗学正是其学科根基。参见巴莫曲布嫫《非物质文化遗产：从概念到实践》,《民族艺术》2008年第1期。诚然,在欧美一些国家,民俗学与人类学或民族学也难分畛域。

② UNESCO, *Operational Directives for the Implementation of the Convention for the Safeguarding of the Intangible Cultural Heritage*.《公约》缔约国大会第二届会议(2008年6月16—19日,法国巴黎)通过,第三届会议(2010年6月22—24日,法国巴黎)、第四届会议(2012年6月4—8日,法国巴黎)及第五届会议(2014年6月2—4日,法国巴黎)修正。该文件又译作《实施〈保护非物质文化遗产公约〉的业务指南》;本文采纳经中国文化主管部门认定的译法——"操作指南"。http://www.unesco.org/culture/ich/en/directives, 2016-07-12。

适用的国内、国际法律和**伦理标准**（ethical standards）"①；再如第 103 段规定"鼓励缔约国制定并通过基于《公约》和本业务指南各项规定的**伦理准则**（codes of ethics），确保以适当方式提高对其各自领土上存在的非物质文化遗产的认识"。2012 年，保护非物质文化遗产政府间委员会在其第七届常会上要求教科文组织《公约》秘书处"启动伦理示范准则工作并在其下一届常会上报告"（Decision7.COM 6）。这一要求是在辩论语境中提出的，一则围绕非物质文化遗产日益面临的威胁——包括**商业化、商品化和去语境化**——出现了越来越多的关切，二则反映了缔约国在履约过程中急需伦理方法及其指导方针的诉求。

为响应委员会的要求，秘书处于 2015 年 3 月 30 日至 4 月 1 日在西班牙巴伦西亚组织了一次专家会议。来自教科文组织 6 个选举组的 11 名专家（包括 5 名女性）以个人身份参与其间，而 2003 年《公约》秘书处（以下简称"秘书处"）主持讨论的项目官员普罗山（Frank Proschan）博士，时任教科文组织文化遗产处非遗科项目实施的负责人，兼有人类学和民俗学的专业背景。会议分为 4 个专场：（1）应当纳入非物质文化遗产伦理示范准则的《公约》核心价值观；（2）非物质文化遗产伦理准则的一般范围；（3）应纳入道德准则的具体伦理原则；（4）为非物质文化遗产编制一份示范准则和由示范准则到具体准则的可能性流程。在每个专场中，专家们应邀讨论了制订伦理准则的诉求及其相关性，并从内容、类型、对象和特殊性等方面就一份可能的示范准则形成了意见的分享和讨论。这些专家来自多个学科领域，且兼具性别视角，同时也代表了范围广泛的专门知识、经验（如人类学、传播、发展、文化遗产、知识产权和法律）及部门（政府、学术机构、非政府组织及政府智库），在一定程度上反映了多元化的利益相关方（stakeholders）和行动方（actors）的立场和声音，为伦理示范准则及其适用范围应涵括的核心

---

① 需要说明的是，在《操作指南》中文译本中，将"ethics"或其形容词格"ethical"一律译作"道德"或"道德的"，应当予以矫正。

价值观提供了不同的见解和新观点。以上便是《保护非物质文化遗产伦理原则》出台的直接背景。截至目前，秘书处已经按委员会的要求，在2003年《公约》的专用网站上开通了作为在线工具包的"伦理与非物质文化遗产"专栏，提供了"十二条伦理原则"及其出台的相关背景、工作目标及参考资料的简要说明①，以达传播和推广之效。

二、核心价值观：保护理念与伦理维度

  2003年《公约》语言简明，用词精审，行文举重若轻，最能体现教科文组织的文书特征。该《公约》的约文正本开宗明义，将其宗旨概括为以下四条：（一）**保护**非物质文化遗产；（二）**尊重**有关**社区、群体和个人**的非物质文化遗产；（三）在地方、国家和国际一级**提高**对非物质文化遗产及其**相互欣赏**的重要性的**意识**；（四）开展**国际合作**及提供**国际援助**。可以认为，这四条宗旨充分体现了《公约》的核心价值观。《公约》旨在保护非物质文化遗产，促进文化多样性、人类创造力、相互理解和国际合作，在定义、施行、传承和保护其非物质文化遗产等方面，格外强调传承人和实践者及其所在社区的核心作用。因此，保护（safeguarding）、尊重（respect）、提高意识（awareness-raising）、相互欣赏（mutual appreciation），以及国际合作与援助（international cooperation and assistance）皆应成为保护实践的关键词。在《公约》的框架下，围绕这些关键词所体现的核心价值观来制定的《公约》条文，也是以这四条宗旨为目标和指引的。那么，从《公约》宗旨中的几组关键语汇就能把握其中的基本保护理念，也就能理解其有关"非物质文化遗产"的定义和有关"保护"的实施方略所蕴含的核心价值观。当然，话是这么讲，但从认识到理解再到行动，其复杂程度远远超出了所有人的预期，包括

---

① UNESCO, *Ethics and Intangible Cultural Heritage*, http://www.unesco.org/culture/ich/en/ethics-and-ich-00866, 2016-07-15.

《公约》起草人。作为国际标准文书，《公约》约文只能言简意赅，但各缔约国的履约却大都显现出种种步履蹒跚的复杂样态。这其间就有太多的伦理险境，或曰伦理陷阱。

言归正传，我们对"十二条伦理原则"的词频进行的统计结果表明，**"社区"**出现过 14 次，在十二条原则中仅有第八条除外。与此同时，**"尊重"**二字出现了 9 次，涉及相关的六条原则。由此生发的一整套核心价值观可以概括为"五个符合"，即符合确保社区、群体和个人应有的中心作用这一根基性立场，符合现有国际人权文件的精神，符合相互尊重的要求，符合可持续发展的需要，符合人类的整体利益和共同关切。正是在这些核心价值观的引导下形成了"十二条伦理原则"这一整体性纲领，由此为地方、国家和国际层面的非物质文化遗产保护进一步夯实了道义行动的观念基石，也为更好地实施《公约》及其《操作指南》赋予了不可或缺的伦理维度。

下面，我们围绕 2003 年《公约》定义所蕴含的三组基本价值观，同时结合《公约》基础文件、教科文组织及联合国系统的相关国际文书[①]，以及若干独立专家的专题研究报告，对"十二条伦理原则"的设计意图和工作目标及其体现的《公约》核心价值观[②]，进行撮要性绎读和解析。

——价值观一：确保社区在保护进程中应有的中心作用

"非物质文化遗产"在 2003 年《公约》中被明确定义为"被**各社区、群体，有时是个人**，**视为其文化遗产组成部分**的各种社会实践、观念表述、表现形式、知识、技能以及相关的工具、实物、手工艺品和文化场所"。这便将"非物质文化遗产"的价值认定通过《公约》这一国际法文件正式**赋权**给了遗产的持有人，也就是我们通常所说的传承人和实践

---

① 本文引述的相关国际文书大都直接来自教科文组织或联合国在线数据库，由于篇幅所限，不再一一列出每个文件的网址。
② 这里需要说明的是，就核心价值观的分类阐述，笔者参考了秘书处为瓦伦西亚专家会议准备的讨论文件（UNESCO. ITH/15/EXP/2, Paris, 20 February 2015），但并不限于这个工作文件（working paper）本身，尤其是其中的个别观点笔者也不完全同意。

者,以及他们所属的社区和群体①。因此,"非物质文化遗产"以相关社区、群体和个人的**自我授权**为特征,保留了文化创造者、传承者和实践者群体对其自身的文化遗产予以界定的权利,这与《保护世界文化和自然遗产公约》(1972年)框架下的"专家认定"或"专业组织认定"是迥异的,但与1989年《建议案》则一脉相承,体现了保护立场的历史性调整。按照芬兰民俗学家劳里·航柯(Lauri Honko)的说法,这是经过几十年的发展,从事文化遗产保护的学者,已经从高高在上享有某些特权的"精英"人士变为普通人了②。换言之,学者或专家不再居高临下地去看待民间文化,而把价值认定的权利归还给了非物质文化遗产的持有人和实践者及其所属的社区和群体。这也是学科、社会、文明发展带来的深刻变化。

说到底,非物质文化遗产作为一种文化事实不能离开人这一实践主体而独立存在,其存续力(viability)的维系取决于这种活形态遗产之于社区的社会功能和文化意义;而离开相关社区、群体或个人——实践主体——就不存在《公约》所定义的"非物质文化遗产"。毋庸置疑,非物质文化遗产由相关社区、群体或个人来展现、传递和传承,也只有社区、群体或个人才能决定什么是他们的遗产。这与《公约》"前言"也形成了呼应:"各社区,尤其是原住民、各群体,有时是个人,在非物质文化遗产的生产、保护、延续和再创造方面发挥着重要作用,从而为丰富文化多样性和人类的创造性做出贡献。""相关社区、群体和个人在保护其所持有的非物质文化遗产过程中应发挥**主要作用**"(原则一)便由此确定,进而《公约》以社区为本的根基性立场也作为首要原则确立了一整套伦理原则的基本导向。

---

① "相关社区、群体,有时是个人"这一表述是教科文组织的工作语汇,也是2003年《公约》的关键用语之一。为行文方便,我们采取俭省一些的方式来指代,比如"相关社区、群体和个人",这也是国内相关文件在翻译中采纳的表述。文中的"相关社区"或"社区参与"等省略表达,也多用于指代非物质文化遗产的持有人,包括社区、群体和个人。

② Lauri Honko, "Do We Need a Folkloristic Code of Ethics?", FFN 21, March 2001, pp.2–7.

《公约》对非物质文化遗产的"保护"也作出了明确的定义："保护"是指"确保非物质文化遗产的生命力（应为'存续力'——笔者注）的各种措施，包括这种遗产各个方面的确认、立档、研究、保存、保护、宣传、弘扬、传承（主要通过正规和非正规教育）和振兴"。《公约》第三章对各缔约国义务是这样规定的："采取必要措施确保其领土上的非物质文化遗产受到保护；在第二条第三款提及的保护措施内，由各社区、群体和有关非政府组织参与，**确认和确定**其领土上的各种非物质文化遗产。"也就是说，社区参与应贯穿整个保护的全过程及各方面，尤其是在"确认和确定"方面，这里同时述及的还有"非政府组织"如专业学会、行业组织、社区协会等非官方力量的参与。后文我们还会涉及这个话题。

《公约》第十五条进一步强调了社区、群体或个人在非物质文化遗产保护中的首要地位："缔约国在开展保护非物质文化遗产活动时，应努力确保创造、延续和传承这种遗产的社区、群体，有时是个人的最大限度的参与，并吸收他们积极地参与有关的管理。"也就是说，在国家层面上，确保社区的广泛参与是每一个缔约国的法定义务，而且对这些国家的非遗主管部门和保护机构当形成更大的约束力。因此，缔约国应该创造条件并形成机制确保社区、群体和个人参与和管理他们自身的非物质文化遗产，这是"保护"的题中应有之义，也是"十二条伦理原则"的出发点，当用以指导所有参与保护非物质文化遗产的相关行动方。

——**价值观二：符合现有国际人权文件的精神，符合相互尊重的需要，符合可持续发展的要求**

《公约》第二条第一款"定义"中规定："在本公约中，只考虑符合现有的国际人权文件，各社区、群体和个人之间相互尊重的需要和顺应可持续发展的非物质文化遗产。"这句话的背后蕴含着三种伦理价值的深意。换言之，这里的"符合"一词同时限定了三个条件，也就蕴含了三个层面的伦理关切，进一步界定了"非物质文化遗产"的范围。这句话看似简单，但不得不说是步步为营，逻辑缜密，滴水不漏。

其一，非物质文化遗产须符合现有的国际人权文件。但凡不符合

"现有的国际人权文件"的任何非物质文化遗产,都不在2003年《公约》定义或据其定义的保护范围之内。虽然《公约》述及但未穷举国际社会业已公认的各种人权基本原则,但从《公约》出台的背景到"十二条伦理原则"的通过,我们不难发现教科文组织在文化遗产领域所遵循的一贯立场,保护非物质文化遗产的伦理准则也必须尊重这些人权原则。因此,"**社区、群体和个人**继续其各种实践、观念表述、表现形式、知识和技能以确保非物质文化遗产存续力之**权利**应得到承认和尊重"(原则二),不仅体现了《公约》的根基性立场(如第二条和第十五条),也是基于一系列国际人权文件的精神。"十二条伦理原则"开篇也对此作出了回应:"《保护非物质文化遗产伦理原则》遵循2003年《保护非物质文化遗产公约》和现有的保护人权和原住民权利国际标准文书的精神而制定。"

那么,哪些国际人权文件应纳入基本的参照范围呢?一则可以按照《公约》"前言"述及的相关国际文书从整体上加以理解,这就包括《世界人权宣言》(1948年)、《经济、社会及文化权利国际公约》(1966年)和《公民权利和政治权利国际公约》(1966年);二则可以从该组织在文化领域颁布的相关国际基础文书来深化我们对基本人权文件的认识。目前,全球范围内对维护文化多样性的关切日益增长,也需要人们更全面地探究2003年《公约》与相关国际标准文书之间的关系。虽然其中的若干法律文书比《公约》出台要晚一些,但国际人权领域近年来的发展,比如说联合国的《残疾人权利公约》(2006年)和《联合国土著人民权利宣言》(2007年)的通过,对2003年《公约》也有相互促进和相互支撑的作用。因此,在讨论"十二条伦理原则"的同时,需要结合相关的国际人权文书加以分析。这里,我们应当述及的一份重要文献是联合国大会通过的《联合国土著人民权利宣言》[①]。

---

① UN, *United Nations Declaration on the Rights of Indigenous Peoples*, 2007.

该宣言承认土著人民①免受文化歧视的平等人权，努力促进土著人民和各国间的相互尊重及和谐关系。其中第三十一条第一款阐明如下："土著人民有权保持、掌管、保护和发展其文化遗产、传统知识和传统文化表现形式，以及其科学、技术和文化表现形式，包括人类和遗传资源、种子、医药、关于动植物群特性的知识、口述（头）传统、文学作品、设计、体育和传统游戏、视觉和表演艺术。他们还有权保持、掌管、保护和发展自己对这些文化遗产、传统知识和传统文化表现形式的知识产权。"第三十一条第二款进一步规定："各国应与土著人民共同采取有效措施，确认和保护这些权利的行使。"回观《公约》"定义"一节，非物质文化遗产从整体上被划分为五大领域：（1）口头传统和表现形式，包括作为非物质文化遗产媒介的语言；（2）表演艺术；（3）社会实践、仪式和节庆活动；（4）有关自然和宇宙的知识和实践；（5）传统手工艺。这些领域与《联合国土著人民权利宣言》所界定的"传统知识、传统文化表现形式和遗传资源"大部分重合，比如关于传统医学，后者第二十四条规定如下："土著人民有权使用自己的传统医药，有权保持自己的保健方法，包括保护他们必需的药用植物、动物和矿物。" 2003 年《公约》界定的"有关自然和宇宙的知识和实践"便覆盖了传统医学知识及其相关的实践。

其二，非物质文化遗产须符合社区、群体和个人之间相互尊重的需要。这一价值取向以教科文组织于 2001 年制定的《世界文化多样性宣言》为基石，即"在相互信任和理解氛围下，尊重文化多样性、宽容、对话及合作是国际和平与安全的最佳保障之一"。该《宣言》所倡导的文

---

① indigenous people，又译作"原住民""土著人""土著居民"。一般认为，土著人民是指在外来族群到来之前，祖祖辈辈繁衍生息在一个国家或地区的人民，如美洲的印第安人、大洋洲的毛利人和靠近北极圈的因纽特人等，中国台湾地区的少数民族也往往被称作"原住民"。据估计，世界上共有 3.7 亿土著人，分布在 90 多个国家和地区。联合国系统近年来的数据分析发现，许多土著人民生活在贫困之中，大约占世界贫困人口 15%。参见 http：//www.un.org/chinese/News/story.asp?NewsID=23848，2016-08-25。

化之间的真诚对话，唯有相互尊重的原则在地方层面（社区、群体和个人）和国家层面都成为保护活动的导向，国际层面的人类和平愿景才能实现。《公约》第一条也提醒我们，这样的相互尊重，不仅基于人与人之间的尊重，而且也基于对非物质文化遗产的相互尊重和相互欣赏。那么，从"**相互尊重**以及对非物质文化遗产的尊重和相互欣赏，应在缔约国之间，社区、群体和个人之间的互动中蔚成风气"（原则三），到"与创造、保护、延续和传承非物质文化遗产的社区、群体和个人的所有互动应以**透明**的合作、对话、协商和咨询为特征，并取决于**尊重其意愿，使其事先、持续知情并同意**的前提而定"（原则四）也就顺理成章，且彼此映照。

这两条原则从"**尊重**"到"**相互尊重**"为如何实现彼此尊重提出了"互动"的原则。一则，合作、对话、协商及咨询是基本的互动方式但当保持"透明"，方能达成相互之间的理解；二则，这样的互动须以"自愿事先知情同意"为前提，且须保持持续性知情和同意为条件。"自愿事先知情同意"（free, prior and informed consent, FPIC）是"事先知情同意"（prior informed consent, PIC）的发展，其中的伦理关切不仅意味着权利，也意味着责任，同时诉诸于互动中的有关各方，但得以尊重社区的选择为导向。[①]"事先知情同意"这一原则从概念上讲最早来自医学伦理，即病人有权在完全了解某种治疗的利弊之后决定是否接受这种治疗。后来，作为专业伦理和职业操守进入相关领域的许多学科，尤其是那些与人打交道的学科，包括民俗学、人类学和社会学等平行学科。该原则同样为若干国际标准文书所采纳。《世界人类基因组与人权宣言》（1997年）第五条述及，在所有针对某个人的基因组的研究、治疗或诊断中，应当对潜在危险和益处进行评估，并"均应得到有关人员的事先、自愿和明确同意"。教科文组织的《世界生物伦理与人权宣言》（2005年）的第六

[①] 在中国的非物质文化遗产保护实践中，将"free"原意为"自由的"这一词按中文表述习惯译为"尊重其意愿"，在"十二条伦理原则"汉译中也采纳了这一译法。考虑到该原则通用的国际语境，具体怎么译更贴近原意，尚可进一步商榷。

条规定，涉及"预防性、诊断性或治疗性的医学措施"或"科学研究"时，需要"当事人事先、自愿地作出知情同意"。再如，教科文组织《生物多样性公约》（1992年）第十五条第五款对遗传资源的获取作出如下规定："须经提供这种资源的缔约国事先知情同意，除非该缔约国另有决定。"《生物多样性公约关于获取遗传资源和公正和公平分享其利用所产生惠益的名古屋议定书》（2010年）第十六条第一款规定："缔约方应酌情采取适当、有效和适度的立法、行政或政策措施，以便规定，其管辖范围内所利用的与遗传资源相关的传统知识，须遵照土著和地方社区的事先知情同意或批准和在其参与下予以获取，同时规定，须依照此种土著和地方社区所在其他缔约方的国内获取和惠益分享立法或管制要求订立共同商定的条件。"在国际文化政治领域，"自愿事先知情同意"这一多重限定的术语也已成为普遍的工作原则，比如执行土著人民参与决策以及参与制定、实施和评价对其有影响的项目（《联合国土著人民权利宣言》第三十二条第二款），须遵循事先知情同意原则[①]。

自2003年《公约》及其《操作指南》实施以来，**"尊重其意愿，使其事先知情并同意"**这一原则落实到了具体的行动中，主要包括在项目申报和定期履约报告的证据提供。比如，缔约国不论是向委员会提交列入"人类非物质文化遗产代表作名录"和"急需保护的非物质文化遗产名录"的项目申报，还是推荐项目、计划或活动参加"优秀保护实践名册"的遴选，以至向非物质文化遗产基金申请国际援助，都需要提供社区知情同意的相关证明："申报该遗产项目尊重相关社区、群体或个人的意愿，经其事先知情同意，这既可通过书面或音像形式，也可通过根据缔约国法律制度及相关社区和群体丰富多样性所采取的其他方式予以证明。委员会欢迎通过不同的方式表达或证实社区的同意，不强求标准或单一的声明形式。此类事先知情同意的证明应译成委员会的工作语言

---

① 亦见 United Nations Development Group（UNDG），*Guidelines on Indigenous Peoples' Issues*，2008.

之一（英文或法文），并提供相关社区的原始语言材料（如其使用的语言非英文或法文）。随表附上证实此类同意的信息，并在此处注明所提供的资料及其形式。"[①] 这便是工作层面上业已成型的具体实践方略。"原则四"更进一步要求"**持续**知情并同意"，也就是说，相关的保护活动包括"申遗"这样的国家行为，都应当创造一种透明的、不间断的互动机制，确保相关社区、群体和个人自始至终地全面参与保护和管理自身的非物质文化遗产。各缔约国在具体的操作层面上则采纳各种各样的"证据提供"，常见的方式有书面证明、视频证明，前些年还有提交实物证明的例子。在被退回补充信息的项目中，因为社区知情同意证明未能通过审查的例子也不在少数。

这里值得提醒的是，"**相互尊重**"还隐含着平衡相关利益方的内在诉求。一方面，获得和享有文化遗产权利是人权的构成部分[②]，也是大量国际人权文书的基础，更是《公约》的立足点之一，缔约国当承担确保各利益相关方获得非物质文化遗产的责任；另一方面，"相互尊重"也要求对获取这种遗产的特殊方面的习俗做法予以尊重（《公约》第十三条第四款第二点的规定），也就是需要来自遗产社区外部的相关行动方尊重社区内部特定的传统实践和惯例做法，尤其是被视为隐秘和神圣的方面（《操作指南》第 101 段 c 条）。因而，"应确保社区、群体和个人**有权使用**为表现非物质文化遗产所需而存在的器具、实物、手工艺品、文化和自然空间以及纪念地，包括在武装冲突的情况下。接触非物质文化遗产的习惯做法应受到充分尊重，即使这些习惯做法可能会限制更广泛的公众接

---

① 这段文字引自文化部外联局国际处翻译的 ICH-02-2016 申报表 4.b 表项说明。
② 2011 年，文化权利领域独立专家法里达·沙希德（Farida Shaheed）根据人权理事会第 10/23 号决议提交的一份报告（A/HRC/17/38），探讨了获取和享有文化遗产在多大程度上构成国际人权法的一部分。这位专家在强调需要以基于人权的方法处理文化遗产问题时，从人权的角度探讨了文化遗产的概念，并列出了与文化遗产有关的人权问题清单。参见 Farida Shaheed, "The Right of Access to and Enjoyment of Cultural Heritage, a report of the independent expert in the field of cultural rights", 2011. http : //www.ohchr.org/EN/Issues/CulturalRights/Pages/AnnualReports.aspx, 2016-07-16.

触"（原则五），与前述关注社区、群体和个人的中心地位是一致的，这个价值观肯定了他们有获得自己文化遗产的优先权，即使这种优先考虑有时会限制其他人的获得，这依然是以社区为本的伦理选择。

"相互尊重" 的进一步引申，也是对"人类文化多样性"的尊重。这一价值观与教科文组织《世界文化多样性宣言》（2001年）①在基本精神和立场上是相衔接的："文化多样性是交流、革新和创作的源泉，对人类来讲就像生物多样性对维持生物平衡那样必不可少。从这个意义上讲，文化多样性是人类的共同遗产，应当从当代人和子孙后代的利益考虑予以承认和肯定。"捍卫文化多样性是伦理道义，离不开对人的尊严的尊重。"每个人都应当能够参加其选择的文化生活和从事自己所特有的文化活动，但必须在尊重人权和基本自由的范围内。"《公约》同样认为非物质文化遗产是文化多样性的源泉，相关缔约国对促进文化多样性负有同样的义务，这就意味着非物质文化遗产的不同表现形式之间的绝对平等（只要符合第二条第一款中的定义），也意味着任何类别的等级化都是不当之举。"每一社区、群体或个人应评定其所持有的非物质文化遗产的价值，而这种遗产**不应受制于外部的价值或意义评判**"（原则六），蕴含的基本理念就是平等，同时要尊重差异，因为正是差异才构成多样性的人类文化的多样性；而文化多样性为平等、人权和自决权原则所要求。

在教科文组织2000年发布的《世界文化报告——文化的多样性、冲突与多元共存》中能更清楚地看到，该组织在倡导和践行文化多样性理念时，其核心价值观是明晰的，也是一以贯之的。报告的第一章在引述"文化多样性"与"文化创造力"的相互关系时认为，世界文化并非由马赛克构成，而是一条由不同文化支流混合而成且奔流不息的"七彩长河"，这是受到纳尔逊·罗利赫拉赫拉·曼德拉（Nelson Rolihlahla Mandela）关于"七彩之国"的启发。报告认为，虽然文化差异日益成为

---

① 联合国教科文组织：《世界文化多样性宣言》（2001），http：//unesdoc.unesco.org/images/0012/001246/124687c.pdf#page=84，2016-07-15。

冲突的原因，但冲突并不一定是发展的障碍。问题在于政府如何将差异作为一种建设性而不是破坏性的力量来处理，并加以引导："如果文化的多样性是人类精神创造无法抑制的表达，那么差异的创造就同样是不可动摇。没有任何力量能压制和窒息它。然而政府和社会风俗习惯对差异所界定和采取的方法，决定了差异是导致更全面的社会创新，还是导致暴力和排斥。"①第六条原则强调的是每个社区、群体或个人都当认识和珍视自己的非物质文化遗产，任何外部对其价值或赋值的评判都有悖《公约》精神；既要承认差异，也要尊重差异，就是尊重并促进文化多样性。所以，对于非物质文化遗产的保护，就同时具有不同文化之间彼此欣赏、交流、借鉴和共享，消除不同文化之间的误解和歧视，增进人类和平的意义。这样的基本意涵，反复出现在教科文组织所主导的若干彼此有关联的重要文献中②。2014年3月27日，习近平总书记在教科文组织巴黎总部发表演讲时指出，"文明因交流而多彩，文明因互鉴而丰富。文明交流互鉴，是推动人类文明进步和世界和平发展的重要动力"③。"文明交流互鉴"这一重要思想的提出，也是中国智慧对促进人类文化多样性的积极贡献。

其三，非物质文化遗产须符合可持续发展的要求。这一价值取向同样是对《公约》对"非物质文化遗产"范畴的进一步限定。也就是说，对非物质文化遗产当符合可持续发展的要求，正如《公约》承认非物质文化遗产是文化多样性的熔炉，又是可持续发展的保证（"序言"部分）。"可持续发展"的最初定义见于著名的《布伦特兰报告》（*Brundtland*

---

① 联合国教科文组织编：《世界文化报告（2000）——文化的多样性、冲突与多元共存》，关世杰等译，北京大学出版社2002年版，第9—13页。
② 例如，2005年联合国教科文组织在文化领域通过了又一个重要的国际标准文书《保护和促进文化表现形式多样性公约》，以解决2003年《公约》未能覆盖的文化创意和文化产品等诸多有关文化多样性与可持续发展的关键问题。
③ 习近平：《在联合国教科文组织总部的演讲》，联合国教科文组织总部（巴黎），2014年3月27日。http://news.xinhuanet.com/politics/2014-03/28/c_119982831_2.htm，2016-07-22。

Report，1987年）中：可持续发展是满足目前的需求又不损害子孙后代满足其自身需求的能力的发展①。10年后，这一核心原则在教科文组织通过的《当代人对后代人的责任宣言》（1997年）中得到重申。其中指出："当代人有责任使当代人和后代人的需要和利益受到充分的保护。"② 因此，基于可持续发展的诉求及其间凸显出来的代际责任原则，也引导了保护非物质文化遗产的伦理考量，同时也是实现代际传承的动力所在。

由于不同社区、群体和个人的文化表达，具有独特价值和意义，有助于丰富人类文化的多样化景观，也因此有助于人类的和平和可持续发展。围绕"可持续发展"这一人类社会的普遍诉求，"十二条伦理原则"形成了如下若干条彼此互为关联并互为限定的条文：

> 创造非物质文化遗产的社区、群体或个人应**从源于这类遗产的精神利益和物质利益的保护中受益**，特别是社区成员或其他人对其使用、研究、立档、宣传或改编。（原则七）
>
> **非物质文化遗产的动态性**和活态性应始终受到尊重。本真性和排外性不应构成保护非物质文化遗产的问题和障碍。（原则八）
>
> 社区、群体及地方的、国家的和跨国的组织，还有个人，对可能**影响**到非物质文化遗产的存续力或实践该遗产的社区的任何行动的直接和间接、短期和长期、潜在和明显的影响都应仔细评估。（原则九）
>
> 社区、群体和个人在**确定对其非物质文化遗产构成威胁**，包括

---

① UN-WCED, "Report of the World Commission on Environment and Development : Our Common Future", 1987, http : //www.un-documents.net/our-common-future.pdf, 2016-07-16. 该报告以牵头执笔人格罗·哈莱姆·布伦特兰（Gro Harlem Brundtland, 时任联合国环境与发展委员会主席）的姓氏命名而为世人知晓。

② UNESCO, "Declaration on the Responsibilities of the Present Generations towards Future Generations", 29 C/Resolution 44. Records of the General Conference, 29th session, Paris, 21 October to 12 November 1997, v. 1 : Resolutions, http : //unesdoc.unesco.org/images/0011/001102/110220e.pdf. 2016-07-16.

对非物质文化遗产的去语境化、商品化及歪曲,并决定怎样防止和减缓这样的威胁时应发挥重要作用。(原则十)

实际上,这四条原则的并置也进一步回应了《操作指南》的相关实施细则。在"鼓励所有各方谨慎从事,确保提高认识的行动"一节中,该指南第 102 段提出:

(1)**不使**非物质文化遗产的相关表现或表达形式脱离其语境[decontextualization(即原则十述及的"去语境化"——笔者注)]或背离其本质;

(2)**不给**相关社区、群体或个人贴上与当代生活脱节的标签,也不以任何方式损害其形象;

(3)**不为**任何基于政治、社会、种族、宗教、语言或性别的歧视提供辩护;

(4)**不助长**对相关社区、群体或个人的知识和技能的盗用或滥用;

(5)**不导致**将危及相关非物质文化遗产的过度商业化或不可持续的旅游开发。

这段以"不"字打头的祈使句一贯而下,读来真有振聋发聩的语力。遗憾的是,我们发现许多行动方往往在保护的过程中既不认真领会《公约》的宗旨和精神,也不细读《操作指南》的行动方针,甚至长期使用已经废止的《公约》中文文本[①]。我们在文化部组织的相关培训中一向将以上的警示性建议归纳为"**五不行为守则**"——这五个"不"的提出,实际上已经构成非遗保护在实践层面的基本操守。不仅是在"提高认识

---

① 参见巴莫曲布嫫《从语词层面理解非物质文化遗产——基于〈公约〉"两个中文本"的分析》,《民族艺术》2015 年第 6 期。

行动"中,也是在非遗保护进程的各个环节上,各利益相关方或各有关行动方都当遵从的基本行为规范,并应视作"谨慎从事"的伦理警钟。

《操作指南》的第 103 段紧接着提出:"鼓励缔约国制定并通过基于《公约》和本操作指南各项规定的**伦理守则**(codes of ethics),确保以适当方式提高对其各自领土上存在的非物质文化遗产的认识。"对比《操作指南》的不同版本,我们可以看到早在 2008 年的第一版文本中,委员会就已经向缔约国提出编制此类行为规范的建议了。庆幸的是,"十二条伦理原则"的正式出台,再一次为缔约国的履约加强了积极采取伦理行动的信号。

那么,为确保相关社区、群体和个人的经济、社会及文化权利,《操作指南》则建议采取适当的法律措施:"缔约国应特别通过运用知识产权、隐私权和其他适当的法律保护形式,在提高对其非物质文化遗产的认识和从事商业活动时,努力确保创造、传承和传播该遗产的相关社区、群体和有关个人的权利得到应有的保护。"(第 104 段)

当下,非遗保护面临的一大挑战是商品化、商业化,由此带来的后果是对相关社区社会、经济和文化权利的剥夺,乃至形成知识产权的长期攫取。许多打着"保护"甚至"抢救性保护"名号的非遗"开发"、非遗"打造"、非遗"再生产",往往就是伦理失范导致的滥用和破坏。实际上,《操作指南》就"与非物质遗产有关的商业活动"早就给出了导向明确的建议:

> 某些形式的非物质文化遗产可能产生的商业活动和与非物质文化遗产相关的文化产品和服务贸易,可提高人们对此类遗产重要性的认识,并为其从业者带来收益。这些商业和贸易活动有助于传承和实践该遗产的社区提高生活水平,推动地方经济发展,增强社会凝聚力。然而,这些活动和贸易不应危及非物质文化遗产的存续力,而且应当采取各种适当措施,确保相关社区成为主要的受益方。这些活动可能影响上述非物质文化遗产的性质和存续力,尤其会影响各种仪式、社会实践或有关大自然和宇宙的知识等领域所展现的非

物质文化遗产，因此应当予以特别关注。（第116段）

应当特别注意避免商业性滥用，以可持续方式管理旅游业，寻求商业方、公共管理和文化从业者利益之间的适当平衡，确保商业使用不歪曲非物质文化遗产之于相关社区的意义和本旨。（第117段）

诚然，来自"商业利用"方面的种种难题已然超出了2003年《公约》所覆盖的范围，但商业利用中必须以社区诉求和社区利益为导向，同时不危及非物质文化遗产的性质和存续力，当成为基本原则。1989年《建议案》出台后持续了10年之久的辩论结果，就是将相关问题移交给世界知识产权组织从国际法层面去应对和解决。1999年至今，世界知识产权组织在"民俗"也就是该组织沿用的"民间文学艺术"或"传统文化表达形式"方面所取得的立法进展，这里我们按且不表。但值得述及的是，2016年5月30日至6月1日在巴黎召开的2003年《公约》缔约国大会第六届会议期间，讨论通过了《操作指南》的修正意见，并为该指南增加全新的第六章"在国家层面上保护非物质文化遗产与可持续发展"[①]。在这一新增章节中，伦理关切多次出现：

只要其发展计划、政策和方案涉及非物质文化遗产或可能影响其可行性，缔约国应努力……确保该等计划、政策和方案**尊重伦理考量因素**（respect ethical considerations），不对相关的非物质文化遗产的存续力产生负面影响，不脱离遗产的语境或改变其本质；（第171段c条）

采取适当的法律、技术、管理和金融措施，包括**伦理准则**或**其他伦理工具**（codes or other tools of ethics），以促进和/或监管农业、捕鱼、狩猎、放牧、食物采集、准备及保存的知识和实践的

---

① 参见http://www.unesco.org/culture/ich/doc/src/ICH-Operational_Directives-6.GA-PDF-EN.pdf#p170，2016-08-25。

使用，这些知识和实践在有些情况下被社区、群体和个人视为非物质文化遗产及利益平均分配的一部分，同时以确保这些知识和实践的传承；（第178段b条，食品安全）

……鼓励缔约国尊重遗产性质和相关社区、群体和个人的具体情况，特别是其对集体或个人管理其遗产的选择，同时为其创造性表达提供必要条件并促进**公平贸易和伦理经济关系**（fair trade and ethical economic relations）；（第184段，包容性经济发展）

关于可持续发展的议题有很多。非物质文化遗产中所承载的知识和技能往往都是世代传承的，是民众智慧累积式的发展资源，弥足珍贵。尤其是对于那些在其日常生活世界中依赖这种知识体系的社区、群体和个人来说具有不可替代的价值。当今人类面临的许多问题，从生态保护、气候变暖、环境恶化到土壤、草场、水资源管理，从灾害治理到减贫脱贫，以至防止冲突和战争等棘手难题，往往在民间传承的知识体系和智慧管理中呈现出应对、平衡和发展的动力，尤其是乡土民间大都自有一套兼具可持续性和适应性的积极方案。这也正是"西班牙地中海海岸的灌溉者法庭：穆尔西亚平原贤人委员会和巴伦西亚平原水法庭"①在2009年被列入"人类非物质文化遗产代表作"名录的独特意义所在。在中国，我们也看到过类似的民间管理方案，比如东巴造纸传统资源共管会的在地实践②。地方的或社区的非物质文化遗产保护行动及其所依托的世代相承的经验值得汲取。在各国的履约过程中，这些典型案例也在某种意义上构成当下可被特定社区、同类遗产管理可资参考的行动方针。如果我们认真加以梳理、归纳和总结，也不难找到为今天以至将来的非遗保护提供伦理行动导向且符合社区意愿和诉求的诸多前鉴。

---

① 委员会决议见 http：//www.unesco.org/culture/ich/en/decisions/4.COM/13.70，2016-08-25。
② 曾益群、郭占峰：《丽江市纳西族东巴纸调研报告》，刊于国际行动援助中国办公室编《保障弱势群体的公平受益——云南6个少数民族自治县文化产业化过程的利益分配问题研究报告集》，知识产权出版社2009年版，第55—80页。

在当下国际、国内的非物质文化遗产保护工作中，对非物质文化遗产的不尊重和滥用现象普遍存在。而《操作指南》提出的一系列鼓励性建议，也是前述四条原则的基本理据所在，尽管第六章有关"可持续发展"的增补晚于"十二条伦理原则"获得通过，但在酝酿过程中，二者几乎是同步的，不同之处仅是常会每年一次，而缔约国大会每两年一次。可以认为，这些原则性建议，环环相扣，每一环节的具体实施和落实都与如何保护和维系各民族文化多样性、文化创造力和文化自主权相关。

——价值观三：符合人类的整体利益和共同关切

这一价值观直接引申自《公约》的前言，即保护非物质文化遗产是**人类的普遍意愿和共同关切**，而特定的社会实践、观念表述、表现形式、知识和技能依然是各自社区、群体或个人不可旁贷的责任，同时也承认在不同的社区存在着持续不断的借鉴和共享非物质文化遗产的事实。基于这个核心价值观，"**文化多样性**及社区、群体和个人的认同应得到充分尊重。尊重社区、群体和个人的价值认定和文化规范的敏感性，对**性别平等**、**年轻人**参与给予特别关注，**尊重民族认同**，皆应涵括在保护措施的制订和实施中"（原则十一），便是对当今各国普遍关切的若干问题的回应。除了文化多样性事关可持续发展外，性别平等、代际责任、少数民族群体的文化认同等都是较为突出的全球关切，也是联合国系统下相关政府间组织及其职能部门的优先考虑事项。性别问题一直以来都是教科文组织的优先事务之一，往往与非洲地区事务并置。在其机构部署中，每一部门都设有性别平等的专项事务，比如教育与性别、媒体与性别、信息技术与性别，等等。非物质文化遗产与性别平等也是其文化遗产处非物质文化遗产科必须关注的重要议题之一。为此，该组织于 2014 年发布了《性别平等：遗产和创造力》的专题报告[①]。

---

① 联合国教科文组织：《性别平等：遗产和创造力》（*Gender Equality: Heritage and Creativity*），2014 年。相关讨论详见康丽《非物质文化遗产保护与性别平等——基于〈保护非物质文化遗产公约〉及相关文书的讨论》，《民族艺术》2016 年第 6 期。

说到"代际责任",这里我们不妨回到《当代人对后代人的责任宣言》:"在充分尊重人权和基本自由的情况下,当代人应注意保护人类的文化多样性。当代人有责任确定、保存和保护物质及非物质文化遗产,并将这一共同遗产传给子孙后代。"(第七条,"文化多样性与文化遗产")实际上,这是教科文组织官方文件中首次将物质遗产与非物质文化遗产进行对举的正式表述,早在2003年《公约》正式通过之前,而其提出的初衷正是为了强化人类共同的代际责任。至于年轻人的参与,往往比我们想象的还要复杂,其中有几个突出问题,一是儿童的安全问题,二是雇佣童工问题,三是强制儿童问题。这里的篇幅不容许举更多的例证逐一予以说明。我们仅须提及一个近年被退回的"代表作"申报项目。原因是某缔约国向委员会提交的一个项目在申报片中所展示的细节:将未成年人置于高空而未采取任何保护措施。尽管申报材料未作任何涉及,但一个镜头就足以让人们警觉青少年在参与非遗传承的过程中需要引以为戒的伦理警示。尽管其实践方式是基于传统的训练模式,但传统也需要加以审视和反思。如何确保孩子们在习得祖传技艺的同时保障其身心安全,这也是当代人对后代的责任之一。

联合国大会通过的《联合国土著人民权利宣言》为保障世界土著人民的生存、尊严、福祉和权利确立了全球框架,以确保土著人民充分享有经济、社会和文化权利,这是实现基本尊严和生存的关键。少数民族群体的相应权利也同样是教科文组织195个会员国和10个准会员国所表达的全球关切。尤其是近年来随着全球化趋势的加剧,原住民的利益问题与移民、流散民的生存权问题一道成为众多国家面对的文化冲突,其间夹杂着少数群体如何在融入可持续发展的同时保有平等、公正和自由选择的诸多难题。在伦理行动的多重"选择窗"中,原住民、少数民族的社会、经济和文化权利始终是全球事务的焦点之一。正是因为以上问题往往演变为冲突、对抗和战争,全球关切也就成为人类的普遍利益。在欧洲,这类冲突愈演愈烈,以致德国曾公开承认多元文化政策在本国的失败。但失败可能正是成功之母,俨如前述差异正是激发创造力的动能所在。非物质文化遗产被理解为能够推动文化多样性和不同文化间和平对话的积极资源。

教科文组织很早就通过了《国际文化合作原则宣言》（1966 年）。在第三届文化部长圆桌会议上通过的《伊斯坦布尔宣言》（2002 年）指出，非物质文化遗产是构成世界各民族特性的重要因素，保护和发展非物质文化遗产对于促进人类文化的多样性，增强人类社会的凝聚力和推动社会的发展具有重要意义。宣言还呼吁世界各国遵循《世界文化多样性宣言》的原则，制定有关收集和整理非物质文化遗产的国家政策和相应的措施，同时在这一领域开展广泛的国际合作。在《世界文化多样性宣言》中，则列有"文化多样性与国际团结"部分。《保护非物质文化遗产公约》第五章的标题就是"国际合作与援助"。可见，促进国际间文化对话和文明交流互动的国际合作，乃是近些年来教科文组织的重要关切之一。

于是，2003 年《公约》起草人摈弃了 1972 年《保护世界文化和自然遗产公约》的语言，即"作为全人类世界遗产的一部分"。但《公约》文本承认"保护人类非物质文化遗产是普遍的意愿和共同关心的事项"，而缔约国为此目的在双边、次区域、区域和国际各层面开展合作（第十九条第二款）就是应尽的责任和义务，与此同时不能让相关的社区、群体或个人疏离自身的遗产。因此，这一价值观回到了第一价值观，即社区、群体和个人在实践、传承和保护其自身的遗产方面应发挥首要作用。最后，"保护非物质文化遗产是人类的**共同利益**[①]，因而应通过双边、次区域、区域和国际层面的各方之间的合作而开展；然而，绝不应使社区、群体和个人疏离其自身的非物质文化遗产"（原则十二），成为整套"伦理原则"的收尾也就顺理成章，达成了首尾呼应并内在一致的总动员之效。

---

① 经与"十二条伦理原则"的译者讨论并取得认可，此处的英文是 general interest to humanity，译为"人类的普遍利益"更妥当，留待今后修订时再采纳。这里也代表译者作一更正。本文在写作过程中，也与中文版《保护非物质文化遗产伦理原则》两位译者进行过不间断的在线讨论，并吸纳了她们的意见和建议，这里特别申谢。

写到这里，我们不得不说"十二条伦理原则"的设计、目标和方略是成功的，也是缜密的。但正如其"序言"所说，"这些原则代表一套鼓励性的总体原则，对政府、组织和个人可形成直接或间接影响非物质文化遗产的优秀实践，以确保非物质文化遗产的存续力，并由此确认非物质文化遗产对促进和平和可持续发展的贡献，因而获得广泛接受。作为 2003 年《保护非物质文化遗产公约》《实施〈保护非物质文化遗产公约〉的操作指南》和国家立法框架的补充，这些伦理原则可作为制定适用于地方和部门条件的具体道德准则和工具的基础"。换言之，每一条原则都可以针对不同的使用语境和适用对象发展出具体的伦理守则，为参与非物质文化遗产的各行动方提供工具性的指导方针和行为规范。这也就是通常意义上的"伦理守则"如何制定的问题。而 170 个缔约国（截至 2016 年 6 月 10 日）的不同行动方可依据这"十二条伦理原则"的基本精神及其所体现《公约》的核心价值观，针对不同的保护环节（至少涉及《公约》第二条所定义的九种措施）继续深化伦理关切，并将这些通用性原则付诸于具体的行动和实践。

三、朝向未来的伦理行动

在 12 年前的中国，人们对于"非物质文化遗产"这个名词还知之甚少，如今"非遗"作为一个概念已家喻户晓，并随着地方、国家和国际层面展开的保护实践及其空前的影响而日益深入人心。截至 2015 年底，中央财政投入非物质文化遗产保护专项经费共计 42 亿元。国务院批准公布了四批国家级非物质文化遗产名录共 1372 项目；文化部命名了四批国家级非物质文化遗产项目代表性传承人共 1986 名，各省（自治区、直辖市）批准公布了 12294 名省级非遗项目代表性传承人；设立了 18 个国家级文化生态保护实验区，公布了两批国家级非物质文化遗产生产性保护示范基地共 100 家企业和单位。与此同时，通过《保护非物质文化遗产公约》搭建的国际合作机制，中国有 30 个项目被列入"人类非物质文化遗产代表作名录"、7个项目列入"急需保护的非物质文化遗产名录"、1个提案被遴选进入"优秀实践名册"。这些数字看似是流水账，但确实说明国家层面长期以来对各民族文化遗产不遗余力地进行抢救、挖掘、整理、保护、传承和传播的具体实绩，传达出中国非物质文化遗产保护成果的主要指数。

众所周知，2003年《公约》通过政府间委员会执行，接受缔约国大会的控管，并由教科文秘书处协助各缔约国实施，包括其《操作指南》和国际合作机制（一个基金、两个名录、一个优秀实践名册，以及定期报告制度），也就是说，教科文组织搭建的这一平台给缔约国同时带来义务（即责任）和惠益（即权利）。《公约》作为保护非物质文化遗产的国际性多边文件，从法律上讲对缔约国都具有约束力。加入《公约》就意味着我们承诺遵守这一国际公约的相关规定，履行缔约国的责任和义务，并接受有关方面的监测。自2003年《公约》通过至今已经过去了12年，而自《公约》于2006年生效以来，其在国际层面上的履约工作也积累了9年的实践。与此同时，《中华人民共和国非物质文化遗产法》（2011年2月25日第十一届全国人民代表大会常务委员会第十九次会议通过）自2011年6月1日起实施。在国际法和国内法的双重框架下，如何有效地保护非物质文化遗产依然是学界和政府普遍关注、不断讨论乃至辩论的一个焦点。那么，在地方、国家和国际等不同层面开展的非物质文化遗产保护实践中，到底存在一些怎样的伦理问题？

对此，长期在国际层面参与非物质文化遗产保护工作的巴莫曲布嫫，立足于保护非物质文化遗产政府间委员会自其第四届常会以来的相关工作报告，按时间顺序和相关项对全球范围内普遍存在的"横向问题"（transversal issues）进行了如下归总：（1）在保护的整个过程中社区的中心作用；（2）不当用词（本真性/真实性、原创性、杰出的、唯一的，等等）；（3）商业利用中的经济导向与社区导向；（4）非文化目的保护和申报；（5）长期保护进程与短期效应；（6）性别平等；（7）可持续发展（解决冲突与建设和平，气候变暖与生态环境，可持续的旅游与促进地方旅游等）；（8）在非遗保护工作中可持续发展专家的参与；（9）青年与儿童；（10）能力建设；（11）原住民和少数民族；（12）全球性资源与跨界共享（族群关系、民族国家、移民、流散民、游牧传统等问题与多国联合申报）；（13）知识产权；（14）1972年《公约》与2003年《公约》之间的联系；（15）与空间、场所和手工艺品有关的非遗；（16）混淆2003年《公约》与2005年《公约》；（17）传承人与实践者；（18）多元行动方的参与，不局限于文化部门；（19）保护措施的"自上而下"、"去语境化"或"再语境化"、"博物馆化"及"剧场化"等；（20）非物质文化遗产与动物使用；（21）非物质文化遗产保护的伦理原则；等等①。这些问题之所以成为横向问题，大多与伦理考量相关。

因此，"十二条伦理原则"的出台，对非物质文化遗产保护活动中的各行动方进一步制定具体的伦理守则提供了指导性的方针，对各国切实地建构保护框架中的伦理维度和更新保护理念也是深有启发的。而如何根据中国非物质文化遗产保护实际，并在具体实践中回应可持续发展的伦理诉求，也正是政府、学界和相关行动方面临的挑战之一。

有鉴于此，我们希望在国内的非物质文化遗产保护领域引入伦理分析的视角，并形成连续性讨论。这或许有利于从认识论和实践论两个向度促进"提高认识行动"，加强履约的能力建设，进而探索未来保护非物质文化遗产的可能性路径，厘清实践中的伦理挑战，进而规避伦理误区，并止步于伦理禁区。

[原载《内蒙古社会科学（汉文版）》2016年第5期]

---

① 转引自中国民俗学会联合国教科文组织非物质文化遗产项目评审工作团队的年度报告，2015年11月。

非物质文化遗产保护的人文学术维度

今天讲座的题目叫"非物质文化遗产保护的人文学术维度：以口头传统为主线"。我近年来参与过不少国内外的非物质文化遗产工作会议和学理讨论。我们国家 2011 年出台的《中华人民共和国非物质文化遗产法》，我也给出过一些建议。

非物质文化遗产工作是自 20 世纪中叶以来得到发展的，起因是国际人文学术界在反观人类的知识体系和文化创造时，感到了以往的某些偏颇。我们知道，西方 18、19 世纪的人文学术中已经有关于民间知识的学问了，这就形成了"民俗学"。我们中国历史上也有一些跟民俗文化有关的记录和阐释，但没有形成完整的知识体系。那么，非物质文化遗产工作的学理性基础到底在哪里，就是我下面想讲的。话题要围绕口头性与书面性展开，适当结合 20 世纪国际口头传统研究领域的一些前沿理论，比如我们已经翻译介绍过的"口头程式理论"（Oral Formulaic Theory）和"演述理论"（Performance Theory）等。在我看来，一方面，非物质文化遗产是一些专业人士的工作内容，另一方面，又是所有国家和地区的每一个居民在他的一生中必定反复经历的事象，因为传统的、民间的文化，从来就没有完全离开过我们，只不过我们习焉不察，不见得会从学理角度认识它和把握它。今天，在保护非物质文化遗产的全球浪潮中，我们在研究口头传统和本土知识的时候，要用到一些不同于我们以往熟悉的术语体系和研究方法，这是应当特别注意的。

"非物质文化遗产"这个称谓，曾经叫过"口头和非物质遗产"，也叫过"无形文化遗产"，为什么会反复斟酌用词？联合国教科文组织在发布这些关键性概念时，也经历了一个反复探索和研究的过程。我几年前在《读书》上写过一篇专门谈口头和非物质遗产的文章，其中谈到英国的一个基因研究小组，经过研究人类 DNA，推断说，尽管在哺乳动物中 FOXP2 蛋白进化非常保守，在人类世系上只有两个氨基酸的替换变更，但这种变化却大约发生在人类语言出现的时候，并加快了语言的进化。另外，人类 FOXP2 基因的突变发生在 10 万年至 20 万年之前，当时的人口增长和活动都突然发生了显著变化。在人类的进化过程中，由于对语言的影响，FOXP2 中两个氨基酸的替换得到了正向选择。[1] 简单一点说，主要负责语言表达的基因 FOXP2 在人类身上完成了两次突变，人类因此具有了语言表达的生物学基础。通过研究 FOXP2 基因，发现人类会说话的历史可以追溯到距今 12 万年到 20 万年之间。也就是说，我们这个物种会说话的历史，有 12 万年到 20 万年之久。这个论断与历史学家和人类学家的观点大体吻合。语言交流能力一旦获得，文明和进化的步子就迈得大了许多。语言交流形式、规则和内容，属于"口头传统"，英文叫 oral tradition，它通常包含广义和狭义两种用法：广义的口头传统是指口头交流的一切形式；狭义的口头传统，特别指传统社会的语言沟通模式和口头艺术。口头艺术英文叫 verbal art，像故事讲述、民间说唱、歌谣、史诗等这些叙事类型和样式，都属于口头艺术，是口头传统中最重要的部分。我们国家各民族的口头传统很丰富，这部分原因是，在中国真正通行本民族文字的族群还不到 10 个，绝大多数民族没有自己的文字书写体系，在这些民族中，大量信仰观念、实用知识和艺术创造，都只能通过口耳相传完成。所以我们说，我国各种类型口头传统的蕴藏总量在世界上也是位居前列的。

---

[1] 参见俞建梁《国外 FOXP2 基因及其语言相关性研究二十年》，《现代外语》2011 年第 3 期。

美国口头传统研究专家约翰·迈尔斯·弗里（John Miles Foley, 1947—2012）是美国密苏里大学口头传统研究中心主任，是《口头传统》（Oral Tradition）学刊创刊人兼主编。他也是过去几十年中北美研究口头传统的旗手。他画过一个图表，说明语言能力和文字技术在人类文明进程中的时间点，这个图表叫"人类媒介纪年表"。刚才提到，人类会说话的历史有12万年到20万年，我们再保守点，假设我们拥有10万年说话的历史，进而把这10万看作一年的话，经过推算，我们这个物种是在过去这一年的12月中旬才学会书写的，此前的11个半月里我们都是靠嘴巴完成信息传递的，知识的传承、技能的获得，总之是文明的赓续，都完全是靠口传完成的。具体来说，中东的记数符号出现在公元前8000年，相当于11月22日，巴尔干半岛的书写符号的雏形，出现在12月2日，埃及书写符号出现在12月10日，美索不达米亚的书写符号出现在12月12日，印度字母出现在该月12日，闪米特文字出现在14日，克里特的"线形字母甲"出现在12月15日，腓尼基文字出现在12月17日，希腊字母出现在12月19日，玛雅文字出现在12月20日，亚历山大图书馆（人类历史上所知最早、最大规模的系统收集和存储知识的设施）出现在12月21日，中国的印刷术出现在12月24日，欧洲的古腾堡印刷出现在12月27日，北美印第安的切罗基文字出现在相当于除夕的早晨八点，打字机出现在相当于除夕中午的那一刻，因特网的出现则相当于除夕的午夜。这个媒介纪年表告诉我们，在人类掌握信息传递技术的这过去的12个月中，有11个半月我们完全是靠口传的，在文字发明和使用之后，口头传统也还在扮演重要的角色。每个人的每一天，是说话多还是写字多，这是不用论证的。

文字出现以后，今天全世界还有多少文盲？数量还很惊人。20世纪初，爱尔兰还有1/4的人口是功能性文盲。20世纪中叶，中国4.5亿的人口中，绝大多数是文盲。中国历史上文人传统悠久发达，但我们都知道，历史上的华夏文明，一直是文人书面传统和民间口头传统平行发展的，若是以人数而论，则民间传统占据大半江山。孔子的思想也是口头传统，《论语》是弟子们记录下孔子思想和表述的文字成果。《圣经》，特别是《旧约全书》，学者们经研究发现，最初也是口头传承的。总之，可以作出如下总结：在人类文明进程中，口头传统迄今扮演最重要的角色，文字的使用，只是整个人群中一小部分人的技能和专利。口头传统在历史上是文明演进过程中最为重要的方式，在今天，它仍然是我们生活交往中不可或缺的方式。书写技术固然十分重要，它对文明进程的影响也相当大，但迄今在世界上的许多地方，人们仍然生活在"无文字社会"中，可以说明口头传统对文明和进化的强大支撑作用。打个不恰当的比喻，口传是基础操作系统，书写是技术升级。从来没有不依赖口头传统的书写，但是存在大量不依赖书写的口头传统。这也就是说，口头传统和书写传统不是对立或并列的，而是演进和赓续的关系，是母体和衍生物的关系。

在口传和书写之外，还有某些信息传递技术，如现代的有摩尔斯电码，古老的有非洲的"鼓语"，但它们的编码规则，与其说是基于文字的，不如说是基于语言的。今天，某种有意摒弃文字和书写的文学运动，也还能在各处看到。发展中国家和地区的例子很多，我今天要举美国的例子。美国近年兴起一个文学运动，叫"斯勒姆诗歌"（Slam Poetry）运动。一帮诗人在公共场所，如咖啡馆等，吟诵诗作，但拒绝诗歌被印刷出版。这个运动的参与者认为，诗歌是诉诸听觉的艺术，用文字呈现诗歌便是用符号僵固诗歌原本固有的气韵和感染力。这个运动在美国很有影响，还举办过全国性的比赛。很奇怪的是，国内对该诗歌运动没有介绍，更谈不上研究了。

口头传统是人类信息传递的基本手段，并进而发展成为一种极为复杂的艺术。在口语艺术中，人们发现了许多十分复杂的法则。语言能力是与生俱来的，但语言艺术需要长期的锤炼，也需要天分和激情。在西方，古希腊时期就十分重视"演说术"（oratory）。在我国的少数民族传统中，也有"声教"的传统，如彝族毕摩在教授彝文经典前，先要花费多年时间，严格训练学徒的口头演述能力和技巧。

口头传统历史很悠久，但是对口头传统的认识，特别是对它规则和特异性的认识，还是很晚近的事情。美国学者朱姆沃尔特总结说，在西方的学术史上，从18世纪到19世纪，有个叫作"大理论"的时期，出现了"浪漫主义的民族主义""文化进化理论""太阳神话学说"等理论，分别把口头传统看作一个民族的"档案馆"，是民族精神的集中体现；或者看作"文化遗留物"，它再现了人类的"原始知识"；乃至看作"远古的回声"，直到"语言疾病"等，赫尔德、泰勒、安德鲁·兰和缪勒分别是这些学说的领军人物。以阿尔奈、汤普森为代表的芬兰"历史—地理学方法"和以博阿斯为代表的"地域—年代假设"则开创了"机械论"的口头传统起源研究。前者的研究方向，一言以蔽之，就是书面文本地理分布的采集分析，后者则是口头文本的地理分布分析。

到了20世纪，有几个代表性学者，他们共同奠定了口头传统研究的晚近格局，其中两个开创者是米尔曼·帕里和阿尔伯特·洛德。他们师徒俩共同开创了"口头程式理论"，又叫"帕里—洛德理论"。帕里是天分极高的青年古典学家，他通过研究荷马史诗，发现荷马史诗的表达形式是程式化的，是传统的，也是口头的。他进而通过类比（analogy）研究，就是寻找一个当代活形态的类似史诗演述传统，去检验他们对只有文字文本形态的古代史诗传统的属性和规则的推论是否正确。他们当时设计了一些极为精巧的田野验证模型，经过实地调查和研究，他们总结说，一个史诗歌手从来都不是靠逐字逐句背诵来复述故事的，所以他们每次演述的故事都是既相同又不相同的。另外，他们发现，一个优秀歌手（往往是文盲）的现场创编能力和语词艺术运用的能力，是远远超乎当时人们的想象的。而且，他们总结说，歌手是靠掌握和灵活运用传统的"单元"，简单说，就是程式、典型场景（题旨）和故事范型——来记忆和掌握大型故事的。

一个不借助于文字而毕生演述史诗故事的大师，能够掌握什么样规模的故事呢？或者换句话说，在口头传统领域内，语言表达的规模和造诣能够达到什么程度呢？不久前去世的藏族格萨尔歌手桑珠，很好地回答了我们的疑问。他演述的《格萨尔》故事，经长期的追踪记录，形成了数以千小时计的磁带，在逐年的誊写中，已经形成的文字文本在陆续出版中，计划出版46卷，平均每卷400页，藏文散体排印。这是数倍于《红楼梦》的篇幅，而且，这还只是他故事曲库中的大约三分之二！他肚子里的故事，不仅篇幅浩大，而且情节曲折，语言丰富，韵律优美，达到了极高的语言艺术水准。

几年前我和约翰·迈尔斯·弗里教授合写了一篇长文，刊发在北京大学的《东方文学研究集刊》上，题目叫《口头诗学五题：四大传统的比较研究》，文中提出了五个问题，"何谓一首诗""何谓典型场景或题旨""何谓诗行""何谓程式"，以及"何谓语域"。这些问题看似简单，若是从四个彼此极为不同的传统——古希腊、古英语、南斯拉夫和蒙古——出发做出回答，就会发现，对每一个问题的回答，都有彼此差异或大或小的答案。这说明对口头传统的研究，需要首先以特定的传统为基点，去考察在更大的范围内，人类的精神现象为何既有相似性也有差异性，为何在相似的情境和条件下，不同的人会做出可能相似、可能不同的反应？拿口头传统来说，人类既共享许多相同的文类，如神话、史诗、故事、歌谣等，也会各自发展出一些独特的文类，如哈萨克族的"阿肯弹唱"，彝族的"克智论辩"，蒙古族的"好来宝"，等等。这也是人文学术的特点和难度所在，需要在分析性概念和地方性概念之间展开阐释和研究工作，需要既立足特定传统，又兼及其他传统，需要既是地方的和民族的，也是全人类的。

在20世纪的口头传统研究中，有几个学者的贡献是不能绕过去的。例如沃尔特·翁（Walter J. Ong）和鲁斯·芬尼根（Ruth Finnegan）。他们两人在口头传统研究领域的代表作，分别是《口头性与书写性：语词的技术化》(*Orality and Literacy：The Technologizing of the Word*)、《书写性与口头性：传通技术研究》(*Literacy and Orality：Studies in the Technology of Communication*)。可以看出，连书名都异曲同工。翁从文化哲学的高度，广泛征引材料，总结出了口头传统的诸多规则和属性；芬尼根主要从非洲经验出发，阐述了口头传统与书面传统之间的差异，进而做出相当扎实的辨析。苏联心理学家卢利亚在吉尔吉斯斯坦进行的心理学田野作业的案例，成为翁书中很有趣的例子，它们呈现了书面性经由现代教育如何影响人们的心智；非洲林巴人的故事讲述，则通过芬尼根的描述和总结，成为我们进一步深入地理解民间口头传统的活样板和参照物。这些事例提示我们，口头传统的法则和书面传统的法则是不一样的。在口头传统中，程式化的表达，是它的基本特性之一。因为从创编到接受，它是在口耳之间完成的。当用耳朵聆听而不是用眼睛阅读时，接受法则和解读法则都发生了变化，这就是为什么在研究口头传统时，特别是研究口头艺术时，需要适用"口头诗学"。这里的道理很简单，只不过人们长久以来忽略了这个道理，总是试图用总结自书面性的美学法则解读口头的艺术。举例说，用总结自巴尔扎克和曹雪芹的小说法则看民间故事，会觉得民间故事缺少创意，过于类型化和模式化，连故事的母题都可以预判，因为它们有形成套路的组合方式，如天鹅处女型、灰姑娘型、狗耕田型，等等。今天我们知道，民间的故事讲述，有它自己的属性、特征和边界，有它自己的社会功能和审美法则。民间故事从创作、传播到接受，都有另外的规矩。这就像你用摔跤的法则去评判拳击，难免方枘圆凿，隔靴搔痒。

在口头传统中，许多表述一经形成，就会固定下来，成为一种程式。而且往往形成意涵的特定"指涉"，学术界称作"传统性指涉"。举例来说，在塞尔维亚英雄歌中，经常出现"黑色布谷鸟"，每次出现这个意象，有经验的听众便知道，一个女人不是寡妇就是即将守寡。"狱中哀号"是另一个例子，表明遭监禁的英雄要被释放回家了。在《荷马史诗》中，当出现女性的"肥胖的手"这个传统程式时，它背后的意思是说，这个女性"勇敢地"做了什么。一个局外人并不能领悟这些深藏传统之中的意涵。所以，对特定口头传统的解读，除了一般的"通则"之外，需要大量掌握"地方性知识"，这就是弗里教授呼吁口头传统的研究要"以传统为本"的缘故。

关于口头传统的特性，翁教授总结了九条，它们是：1. 添加的而不是附属的；2. 聚合的而不是分析的；3. 冗余或"冗赘"的；4. 保守或传统的；5. 贴近人生世界的；6. 带有对抗色彩的；7. 移情的和参与式的，而不是与认识对象疏离的；8. 衡稳状态的；9. 情景式的而不是抽象的①。今天看来，口头性的特征不止于此（例如此后弗里教授的研究就从不同方面拓展了我们对口头性的理解），但这个总结在当时无疑是开拓性的和相当前卫的。这些条款看上去有些抽象，我们可以举几个例子予以说明：在《诗经》中，特别是"十五国风"中，可以看到很多表达的程式，这些程式具有相对固定的意涵，对特定的情境或心境给出一种类似"提示"或"标示"的作用。旅美学者王靖献的著作《钟与鼓》中对此有所涉及。再如在《格斯尔》史诗传统中，出现了大量极为生动的表述，而拒绝使用"抽象"的概念。连时间的久远都要用空间的大小来指代。如诗行"当宇宙中星球刚刚形成的时候，当火红的太阳还是小星的时候，当巍峨的昆仑山还是土丘的时候，当滚滚的恒河还是小溪的时候，当紫檀神树还是嫩枝的时候，当嘎希巴佛祖还是小喇嘛的时候，十方圣主格斯尔可汗，堕下母胎诞生到人间"。空间和事物形体的大小，成为时间轴上远近的生动指示。在蒙古族《江格尔》史诗传统中，当言及某人"愤怒"时，诗行是"十三颗犬齿格格作响，大黑眼睛一眨一眨"，当说到英雄力大无比时，要如此形容：他手的"十个骨节的每个里面，（有）狮子和大象的力量"。这样的例子铺天盖地，不胜枚举。这种表达方式，就是口头诗歌的艺术法则——用具象化的、生活化的、体验式的方式，呈现那些原本比较"抽象"的事物。

口头诗学的兴起，与20世纪60年代的学术思潮有直接关系。1960年，被称作"口头程式理论"的"圣经"的洛德著作《故事的歌手》问世。不久之后，也就是从1962年下半年到1963年，在很短的时间内，

---

① ［美］沃尔特·翁：《口语文化与书面文化：语词的技术化》，何道宽译，北京大学出版社2008年版，第27—43页。

几部很重要的著作不约而同地面世。话题的核心，都是书写与口头之间的关系，以及他们对人类思维和心智的影响力。这几部著作是：麦克卢汉的《古腾堡星光灿烂》，列维－斯特劳斯的《野性的思维》，杰克·古迪和伊恩·瓦特合写的论文《书写的逻辑成果》，以及埃里克·哈夫洛克的文章《柏拉图导言》。这几部著作和论文可以大略分为两派：一派主张书写技术让人类心智的进化发生了质的飞跃，该派的旗手是杰克·古迪，他坚称无论是从理论上讲，还是以历史的事实而言，逻辑思维（演绎推理、形式运算、高次心理过程）的发展取决于书写（希腊字母的发明和使用），史称"书写论"；另一派认为，不能过分夸大书写技术的作用，因为从口传到书写，人类心智和文明进化都是渐进的，一个无文字的社会，也会有因果关系的推理，史称"连续论"，名声最显赫的是列维－斯特劳斯。他们之间的争论和分歧，史称"大分野"。从人类学、民俗学、传播学和古典学等不同学科出发，如此集中共同讨论一个难题的现象，以往还不多见。

到了1979年，联合国教科文组织出台了关于保护民间创作的议案。这个议案以及随后飞速发展起来的关于保护人类口头和非物质遗产的思潮，应当说与前述理论讨论有重大的关联。公允地说，是西方人文学术界反思人类文明进程中口头传统的地位和作用的努力（连带讨论了书写技术与文明进程的关系），影响到了国际社会，产生了推动联合国教科文组织呼吁全人类保护非物质文化遗产的作用。

简单一点说，人类文明和进步的脚步，是一直伴随着知识和信息的累加和赓续的。文明的非线性传播属性，导致文化的进化与生物的进化相比，有了巨大的优势，这就是后代可以通过学习，掌握前辈的或其他文明圈的人发明和使用的技术，而不需要通过直接的生物遗传获得这些技能。知识的传承，在这里起到了至关重要的作用，只不过在人类的长期进化过程中，知识长期通过口头传承，后来发明了文字，知识便同时通过口传和文字媒介传承。在西方有亚历山大图书馆和学校教育，在中国有藏书楼和私塾。

今天的学界，已经深刻地反思了"大分野"理论的不足，那就是采取了过于二元对立的方式看待书写技术与口头传统了。在"书写论"者看来，书写技术，更多地与文明的、进化的、雅致的、高层次的、逻辑的、发达的这样一些概念相联系；而口头传统则往往被视为野蛮的、落后的、粗鄙的、低层次的、前逻辑的、不发达的，等等。就如前面讲过的，简单粗暴地厚此薄彼，不是科学的态度。"口承与书写"，也不是截然不同的和彼此对立的。事实上，人类文化的复杂性要远远超过我们当前的知识储备。

由此我们可以看出，对口头传统的认识与研究，催生了对非物质文化遗产的认识和研究，进而催生了在全球范围内大力推动非物质文化遗产的保护热潮。所以说，是人文学术的基础性理论探索工作，为人类的今后发展和进步，做出了重要的贡献，这就是如何超越书斋式的学究气的研究理路——言必称文字、文献和实物，而极大地忽视千百年来在民众中口耳相传的知识和信息体系，认为那都是"口说无凭""荒诞不经"，以及"不足采信"的贩夫走卒的道听途说。值得一提的是，恰恰是那些尊崇希腊罗马、尊崇典律和典籍的西方古典学领域的学者，广泛吸纳当时已经发展起来的人类学的成果，结合语文学的经验和方法，在进行以今证古的类比研究中，发现了民间知识的法则和规律，特征和属性，以及作用和意义，才发动了一场人文学术界的知识革命，推动了口头传统研究的大幅进步。

若是提及口头传统在晚近发展中的新趋势，就不能不提到约翰·迈尔斯·弗里教授。他不久前开始探索互联网技术与口头传统的关系，形成了一些极为有趣的研究成果。在弗里看来，口头传统在下述方面与互联网高度契合：信息传递的即时性、互动性、互文性、相互参照的关系，以及发散和随机的知识"节点"之间的连接关系等。对口头传统的理解和研究，从一定意义上说，将有助于我们更好地理解互联网的特征和作用，有助于推动这项新技术的发展。另外，互联网技术和多媒体技术，对于更好地存储、取用、建档、呈现、研究，以至传承和振兴非物质文化遗产，都将发挥更大的作用。当小到一个个体的演述活动，大到在某个特定的文化空间进行大型群体性的操演活动，往往是多媒体技术，而不是文字，能够更好、更便捷、更客观、更完整地记录它。

正因为口头传统的源远流长、无所不在，也由于口头传统与书写传统的息息相关，口头传统研究学科在西方自产生以来，虽然历史不长，却已经对整个西方人文学术造成了巨大的冲击，产生了深远的影响，它不仅开辟了一个全新的、广阔的学术研究领域，通过对民间活动的口头经典的发掘和收集，为人文学术研究提供了大量崭新的活生生的材料，更重要的是，它还从根本上动摇了知识界和社会上长期以来形成的一系列偏见，颠覆了古典学、比较文学、阐释学等领域的文本观念、经典观念、权威版本观念等理念，深刻地改变了西方人文学术的方法论和价值观，其影响已经远远超出古典学、民俗学的领域，对包括历史学、人类学、文学、社会学、政治学、传播学等在内的人文社会科学造成了深远的影响，出现了大量的学术成果，导致了西方人文学术范式的根本性转变。

关于非物质文化遗产与人文学术的关系问题，今天就讲到这里。谢谢大家。

（录音整理：王佳怡、朱惠琳、赵佳梅、吴晨旭、李建、顾瑾、倪旭峰、徐飞鸿、于熠沆）

（原载《东吴学术》2013年第2期）

知识共享伙伴：非物质文化遗产保护中的民族志立场

　　这里所说的"知识共享伙伴"，是指介入非物质文化遗产保护和研究工作时各相关主体或各"利益相关方"（联合国教科文组织专用术语）在知识上形成的共享关系。而这里所说的"知识"，包括地方性知识和分析性知识（借用阿兰·邓迪斯的概念术语）。"民族志立场"，则特指学者和文化保护工作者在从事非物质文化遗产项目的研究时，应当具有的基本态度，就是：立足民众，立足社区，立足传统，充分尊重遗产拥有者的文化自主权及其传统知识谱系的内涵、功能和整体性而形成尽可能科学和客观的记录、描述、叙事和阐释，同时涉及民族志的田野、方法、理论和文本呈现等具体的操作层面。这样的立场，应该讲，也是对一种工作原则、一种学术伦理的坚守。

　　当然，在共通知识视野下，传统人文学科和现代社会科学的若干领域内部和彼此之间，也都在讨论或者涉及民族志（Ethnography），认为它是"不同文化群的志"。简言之，田野、方法和理论是构成民族志的三个支撑。就田野而论，格尔茨曾一言以蔽之：人类学家并非研究村落（部落、小镇、邻里……），而是在村落中进行研究（《文化的解释》）。换言之，民族志以参与观察、写文化和叙事阐释为特征，讲究的是学者的"身体感觉"，也就是学者通过"亲历而为"，在个案研究中进行学理性抽绎。本文拟从民族志立场出发，着重谈谈在非物质文化遗产保护工作中应当遵循的基本操作规程，兼议几个技术路线问题。

第一，以遗产属地的语言（包括方言）为认知前提和表述原则，科学地记录、梳理、移译和呈现相关遗产的关键词和语汇系统。

就我熟悉的史诗传统来说，这一口头文类，在中国诸多民族的文化传承中都有其自身的文化表达形式和特定指称。除了众所周知的"三大史诗"外，中国北方还分布有以下"三大英雄史诗群"，集合了数量众多、风格古老、规模各异的英雄歌和英雄史诗。在突厥语族英雄史诗群中，柯尔克孜族称为"交毛克"（jomok，故事），维吾尔族则称为"达斯坦"（dastan，叙事诗），哈萨克族称为"吉尔"（jir，古老的歌）。在蒙古族英雄史诗群中，蒙古人称为"图兀里"（tuuli，史诗），我国境内约有300种之多，分属于巴尔虎、卫拉特和科尔沁—扎鲁特三个英雄史诗传承圈。在满—通古斯语族英雄史诗群中，赫哲族的"伊玛堪"（yimakan，说唱）、鄂伦春族的"摩苏昆"（mosukun，说唱）、达斡尔族的"乌钦"（urchun，说唱）和满族说部"乌勒本"（ulabun，传、传记）里都有英雄史诗或者"类史诗"体裁。而藏族史诗《格萨尔王传》形成于古代的部落社会时期。藏族古代的国王用"仲"（sgrung，故事讲述）、"德乌"（ldevu，谜语）、"苯"（bon，占卜）三种方法教化民众，其中，"仲"专指口头传承与历史谱系的叙事传统，其表现形式与《格萨尔》史诗一脉相承。史诗艺人在藏语中统称为"仲堪"（sgrung-mkhan，又作"仲肯"），他们继承了古老的部落文化传统，因而其叙事也深深地打上了西藏本土信仰——苯教的印记。语言学者哈里森（K. David Harrison）说，"失去语言意味着失去知识"。这些专有名词的内涵与外延都深刻地传达出民间知识谱系和民族志诗学的特定语义和文化意涵。因此，本土语言中的关键概念和核心术语，以及如何切近遗产拥有者和传承人的内部话语系统及其意义生成的特定机制，当是保护工作中首先需要厘清的问题。

当然，这样的例子还有很多。比如，在新疆有数十种不同名称的麦西热甫（Meshrep），体现了该遗产在特定社区中的多重社会文化功能，堪称传承和实践维吾尔族人传统习俗和展示民歌、舞蹈、戏剧、曲艺、杂技等文化表达形式的重要文化空间。如在辞旧迎新的春天举行"阔克（青苗）麦西热甫"，在婚礼上、成年礼中、丰收时、节庆时举行"获夏勒克（喜庆）麦西热甫"，在调解矛盾、平息纠纷时举行"那玛库力（道歉）麦西热甫"，为批评不道德行为、教育民众而举行"开依提（惩戒）麦西热甫"，等等。不同的麦西热甫前面都有一个前缀，说明不同的文化内涵和社会文化功能，而不同地区又各有独具地方特色的麦西热甫。国家级非物质文化遗产名录，就收录了新疆哈密的"阔克（青苗）麦西热甫"、吐鲁番的"开依提（惩戒）麦西热甫"和麦盖提县的"刀郎麦西热甫"三种。

  在非物质文化遗产项目的清单编制、普查、建档等工作的具体表述中，还应同时体现民族语的拉丁转写与基本的遗产属性，不能简单地按照教科书的分类原则粗暴对待鲜活复杂的传统本身。因此，我们就曾建议以"麦西热甫文化空间"替换"麦西热甫"，以"格萨（斯）尔史诗传统"替换《格萨（斯）尔》，以提高相关遗产的社会认知和文化传播。在我们看来，史诗"格萨（斯）尔"就是一宗流传久远、形态复杂、功能多样、美学特征鲜明的演述传统，而绝不仅仅是一组诗歌。

  第二，以本土知识谱系为操作框架，系统地挖掘和整理相关遗产的技艺传承和民间经验。

  这里我们不妨选取安徽泾县的宣纸制作技艺为例。宣纸以榆科落叶乔木青檀之皮和精选的沙田长秆稻草为原料。先分别制成皮料浆和草料浆，然后按不同的比例将二者混合，添加纸药（猕猴桃藤汁），抄制不同品种的宣纸，制成的宣纸有"轻似蝉翼白如雪，抖似细绸不闻声"之誉。制作宣纸的古法流程包括130多道传统工序，在《非物质文化遗产国家名录：宣纸制作技艺申报书》中提到的皮料制作工序有：砍条、蒸料、浸泡、剥皮、晒干、水浸、渍灰、腌沤、灰蒸、踩皮、腌置、踩洗、碱蒸、洗涤、撕选、摊晒、碱蒸、洗涤、摊晒成燎皮、鞭皮、碱蒸、洗皮、压榨、拣皮、做胎、选皮、舂料、切皮、踩洗、淘洗、漂白成檀皮纤维料；草料制作工序则有：选草、切草、捣草（破节）、埋浸、洗涤、渍灰、堆积、洗涤、用日光晒干成草坯、蒸煮、洗涤、日光下摊晒、蒸煮、洗涤、日光下摊晒制成燎草、鞭草、舂料、洗涤、漂白成草纤维料。制造宣纸的主要器具和设施则多达45种。从这些具体细微的工序名称上，我们不难发现宣纸生产工艺流程的复杂，每道工序的细腻程度和要求之高。就"捞纸"工序而言，宣纸薄厚全在一浸一挑之间，抬帘的角度、速度、高度都要拿捏得当，其技艺传承是一种典型的口传心授和耳濡目染。

经全国哲学科学规划领导小组批准，"中国宣纸传统制作技艺抢救性挖掘整理研究"课题项目获2010年国家社科基金重大基础理论招标项目立项，以探讨如何传承和保护这一套完整而不可分割的宣纸古法制作技艺。在安徽财经大学的课题组构成中，除了宣纸传人、小岭曹氏家族的后代曹天生教授（泾县小岭曹氏一族一直是宣纸生产技艺的主要传承者，至今已有29代）作为首席专家外，还有宣纸史研究专家、国家级非物质文化遗产代表性项目代表性传承人、安徽财经大学的学术团队、中国宣纸集团的技术力量。这种"产学研传"的协同攻关模式，当是课题在同类投标项目中唯一立项的重要前提。随着中国经济体制的变革和现代生产方式的引入，传统的宣纸生产及其核心技艺受到严峻挑战。比如，由于经济效益的诱惑，多种现代化机械和化工产品正在不断取代传统的加工器具和用料，使最具特色的宣纸传统工艺难以承续。确保保护计划的实施，诸如扶持身怀绝技的老一代传承人，发挥他们的"传帮带"作用；保存完整的传统宣纸生产工艺和宣纸古法生产手工作坊，在宣纸工艺的创新中尽量避免使用现代化设备和化学制剂；建设完整的宣纸原料生产基地，确保宣纸生产原料的供给，同时加强水源、水质（尤其是原产地酸、碱两条小溪）及周边生态环境的保护等，的确是有关宣纸制作技艺能够代代相传的重中之重。

因此，民众的地方性知识、传承人群体的实践经验，尤其是他们对古法制作技艺的恪守将是该项遗产的保护和发展中的一个关键环节。如果这个课题完成得好，就会从普遍性意义上建立一个可资借鉴的工作模型，为江西铅山连四纸制作技艺，四川和浙江的竹纸制作技艺，贵州的皮纸制作技艺，西安北张村传统造纸技艺、楮皮纸抄制技艺，傣族、纳西族手工造纸技艺，藏族造纸技艺，维吾尔族桑皮纸制作技艺的保护，乃至为国家的整个非物质文化遗产保护，提供具有范式意义的先行案例。

第三，遵循《保护非物质文化遗产公约》精神，以传承人群体和社区参与为基础，切实开展相关遗产的保护和能力建设。

民众，包括他们中的传承人，是民间文化的创造者和实践者，他们的创造力和民间智慧标示着一个民族的文化身份，是非物质文化遗产中的决定性要素。麦西热甫文化空间的主持人"依给提比西"乃是民众公认的"司仪"，被赋予主持活动中礼仪、歌舞、游戏、模拟判案等事务的最高权力，常配有几位助手以确保实践活动有序进行，他们需要在长期的民俗文化环境和本土生活世界中熏陶历练。目前在新疆，真正功底好、德高望重的麦西热甫主持人不到10位，而且都在70岁以上，而这正是2010年联合国教科文组织保护非物质文化遗产政府间委员会将麦西热甫列入《急需保护的非物质文化遗产名录》的主要原因。

实际上，《公约》对非物质文化遗产的"保护"已经给出了明确的定义："保护"是指"确保非物质文化遗产的生命力的各种措施，包括这种遗产各个方面的确认、建档、研究、保存、保护、宣传、弘扬、传承（主要通过正规和非正规教育）和振兴"。其中涉及的九个工作环节，都以这样那样的方式，与传承人群体和社区的广泛参与发生密切关联。

诚然，现代新媒体技术手段和互联网的发展，为非遗保护的民族志呈现，提供了更多的维度和知识共享的可能性，即便如此，我们依然应当鼓励扎实的田野研究和定点长期的追踪调查，在民族志访谈和参与观察中收集各类田野资料和民族志证据，包括实物、文献、图像、影像、音声等资料，以期更为全面地再现非物质文化遗产项目，扩大知识的社会共享。此外，编写一部基于民族志立场和知识共享关系的"非物质文化遗产研究指南"，也应当提到我们的保护工作日程上来。

这里，我还想花一点篇幅，谈谈非物质文化遗产研究国际合作中的知识共享问题。

知识共享不能仅仅停留在机构之间、学者之间和机构与学者之间，知识共享也不单单是学术交流活动所能涵盖的。举凡涉及田野作业的学科，如民族学、社会学、人类学、民俗学等，都要面对相关的族群和社区以及那里的民众和他们的文化自主权，参与其间的学者和机构都应思考合作与对话中的多向性互惠、学术伦理及知识分子的社会义务。我认为，倡导"知识共享中的伙伴"关系（Partners in Knowledge-sharing），可以引领我们进一步思考非物质文化遗产研究国际合作及其未来发展中的两大核心问题：

第一是方法论问题。由于非物质文化遗产自身的特殊性，在国际合作中应当充分考虑本土社区的文化利益，从而拓宽思路并开辟新的途径，以建立有效的国际协作和积极的伙伴关系，建构一种通向多声部对话的跨学科实践。

第二是认识论问题。参照相关的知识社会学理论，反省我们在开展国际合作的学术实践中是否理解了不同的学术传统、不同的认知体系及其所认可的知识生产与资源共享的合理方式和学术伦理。这些问题的提出，促使我们重新思考在知识生产和研究领域里有关知识共享的若干原则性的问题，以及我们自身作为文化的创造者、接受者、呈现者、传达者和参与者在知识产品、文化传播和学术交流中的角色、作用和地位。

因此，在讨论非物质文化遗产保护的经验和实践的同时，我们应当进一步反观其间存在的一些主要问题。

一是平等对话的机制问题。从学术研究主体来看，学者们多数属于特定文化的"局内人"，也有"局外人"。局外人的考察，多是"他观"；局内人的考察，多是"自观"与"他观"的结合，因为他们已经受过学术训练，已经具有跨越族际边界的视角。局内人"从内部"观察，往往产生双重观点：来自特定文化传统的"内部知识"观点，来自学术共同体的"一般学术"观点。这里形成的交错，产生了奇妙的结果：学者们在做价值判断的时候，往往具有本土文化的立场；在做特异性描述的时候，往往具有学术共同体的立场。用通俗一点儿的话说，学者们在强调某些口头文类如何"有特色"和"重要"的时候，基本上站在本土立场上；在强调这些口头文类的文本特征、传承方式、接受状况以及其他种种要素时，又往往站在学术共同体的立场上。在本土知识与"一般知识"反复切换的表述中，我们看到了学界与民间对话机制的形成。

这种对话机制，比起原来来自学界的轻视和利用的态度，已经是一大进步。在这里，我们真切地看到了民俗学、民间文艺学学科的演进历程和学人立场的转化。不过，这与其说是个尺度问题，不如说是个态度问题。诚然，我们需要来自"地方性知识"的概念体系，用以深入地理解本土文化的机制、法则与核心理念，我们当然更需要来自学术共同体的分析性概念体系，用以在不同文化之间形成对话和交流，否则，今天谈论史诗的，可能就是"巴克西"或者"交毛克奇"，而不是我们这些学者了，而他们之间的对话和交流，一定会变得障碍重重，困难重重。可以说，学术的发展进步是建立在能够使用逻辑的、抽象的概念，在学理的或者应用的层面上讨论问题，学者们不能陷在纷繁的具体事象中止步不前。

不过，作为对以往学界偏重精英文化的反驳，我们倒更愿意强调对于民间文化传统的重视，也就是强调"以传统为本"，强调对于民间文化传承人的重视。对特定文化系统的理解，其底线，乃是建立平等关系。在中国学者这些年的学术实践中，可以看到基于文化上平等对话的努力。把以传统为本落到实处，就是站立在"民众的立场"上。

从不同的学科来看，不同的文化背景和学术传统常常在合作项目中导致复杂难解的问题。例如在学者们相互介绍各自的研究成果时，我们发觉处理专著和翻译物的编辑环节，比预先设想的要费时费力得多。在术语和概念及对它们的理解和阐释上，困惑和误解不断地出现。在学术界内部，学者常用的概念如"民俗""本真性""原生态"相继受到了激烈的诟病，以致联合国教科文组织也不再推荐使用。虽然民俗学者作为积极的参与者加入了论辩之中，却没能在相关领域如艺术学、人类学、民族学、文化研究和传媒研究等学科内部，形成一定程度的共识。尽管民俗学曾经对这些领域的研究做出过贡献，甚至对非物质文化遗产这一概念的提出和对非物质文化遗产工作的倡导，做过很大的贡献，但目前这一学科领域受到其他学科的大面积蚕食。结果，许多管理者认识不到民俗学的理论和实践对整个人文学术以及对非物质文化遗产普查和跨学科交流的重要作用。可见，学界与民间的对话，平行学科之间的对话，传承人、学术机构、社会组织和政府部门之间的对话，都需要加强。

二是知识共享与平等协作的问题。通常我们讲的"合作"总是在双边或多边的学术关系中展开，如果以一方力量为中心，便会失去平等。在学术实践中，我们见到许多例子，学者在参与社区文化建设方面发挥了重要的作用，使得某些地方性知识体系得到系统说明，提升了它们的可见度，扩大了它们的影响。这可以理解为学者参与产生的正面效应。另外，学者往往居于强势地位，他们对民俗文化事象的表述，往往成为"标准的"表述。学者们训练有素，掌握了"分析性"的概念体系，具备在理论上"总结"和"提升"民间知识的某种权威，社区和民众也会策略地借用他们的影响力，从而达成所谓"双赢"的结果。这中间就出现了一些我们认为过头的情况，例如，在一定程度上改变地方性知识的表述和阐释。仅举一个命名上的事例："苗族古歌"就是早期学者建构的概念，苗族民众并不如此称呼他们的长篇叙事诗。后来，本民族学者经过长期的追踪调研，推定苗语中的"瑟岗奈"（seib gangx neel）当作这一民族叙事传统的特定概称。

从国际民俗学界近年所形成的学术转向来看，关于"知识"的定义、知识的所有权以及关于合理、合法地使用知识的各种意见之间的种种分歧，皆指向对建立新型的伙伴关系模式的需求。这种模式正是在研究和实践中形成的，并被热心倡导的人们全面分享。这里，"协作"成为关键词，要求一种共享发言权、共享权威、共享实现目标的新模式等。诚然，协作可以采取许多形式，民俗学者与其田野调查对象、与相关社区、与向民俗学者咨询的人、与其他学科的同道、与本学科的同人们、与政府公共文化部门的协作都可以说明这一点。

"伙伴关系"的种种模式已经存在：民俗学者、社会组织和文化行政部门为保护非物质文化遗产生命力所赖以存在的文化资源和文化生态环境而携手工作；民间艺人、民俗学者和地方政府围绕地方非物质文化遗产的政策制定和保护措施等一同磋商；学校教师与民俗学者、音乐家围绕非物质文化遗产和地方乡土教育而一道重新确定核心课程；高校师生和传承人群体一同探讨故事传承、手工技艺的保护方式；等等。我们认为，非物质文化遗产保护工作者也同样需要认真思考合作中的平等协作。经过许多曲折，我们才认识到过去的一些做法和种种偏颇已经破坏了合作中的共享原则，而问题的关键依然在于在平等的位置上进行协作。

在今天国际社会空前合作和对话的大背景下，我们需要特别强调在国际层面开展平等对话和多边协作。一方面，以研究机构间的合作为主，同时也热烈欢迎各大学附属研究所、学院和其他国内外组织机构的参与，使相互独立的不同机构开展的研究成为彼此呼应的体系并相互协调；另一方面，强调学科内外的中外学者，包括国内不同地区间的各级学术机构和同人，以平等的姿态参与合作，同时鼓励社区民众、传承人、民间团体、社会力量参与生产知识成果的全过程，共享发言权。通过这种多元化的协调和配合，积极探寻在国际合作中多边协作的新方式，增多与相关平行学科的学术交叉点，从而为非物质文化遗产的保护和发展做一些切实的学术工作。

可以预期，在这样的知识共享伙伴关系中，各利益相关方能够从中找到开展协作的切实途径。若是能够进一步从中发现某些有助于学科反思和进步的因子，发现某些有参考价值的工作思路，找到解决某些问题的钥匙，并进而或多或少、或直接或间接地推进非物质文化遗产的保护和发展，乃至多少影响到决策层的政策制定和保护措施的实施，我们的学者肩负着的一部分使命便能够得以完成。

（原载《西北民族研究》2012年第1期）

作为认识论和方法论的口头传统

人类的文明传承，长期依靠口头传统；即便在文字发明和广泛使用后，人们也大量使用口传方式。不过在教育领域，进而在人文学术领域，重文字、轻口传的倾向长期存在。关于文字和文献，都有专门的学问和学科。作为独立学科的口头传统之建立，似乎还在路上。然而裨补缺漏终将至，口头传统的功能、价值和意义，最近几十年得到越来越多人文学者的重视。重重的帷幕在渐次掀起，一个新的领域呈现在我们面前。

一、言与文：口头传统与书写技术的兴起

人类会说话的历史距今有10万年到20万年之久。文字书写的历史，比较而言就很短暂了。比较成规模成系统的书写体系距今也就几千年。拿十多万年和几千年比较，就能知道说话才是人类表达文化的根，不仅历史久，而且从未被替代，一直用到今天，将来还会长期使用下去。

文字即便被发明出来，在生产力发展水平尚不够高，社会分工尚未充分的古代，因为需要长时间专门学习，就远不是人人都有机会掌握的。换言之，文字作为书写符号长期以来被社会中的一小部分人垄断和掌控（如贵族和僧侣等），多数人只能对文字和书写技术礼敬有加，在有些文化中甚至发展出了文字崇拜的习俗。纵观世界数千年文明史，在许多地

区和国度中，文盲人数长期远超识字的人数。历史上是这样，今天的情况也仍然未见彻底改观。按照联合国教科文组织（以下简称"教科文组织"）1995年的统计数字，成人（15岁以上）的识字率，北美和欧洲的平均受教育水平全球领先，至于其他地区的情况，在撒哈拉沙漠以南国家中，除个别缺少统计数字外，低于50%的国家有将近20个，其中尼日尔最低，只有14%。全球平均情况是：发展中国家大约是70%，撒哈拉沙漠以南的非洲为57%，阿拉伯国家为57%，南亚和中亚为54%，东亚为83%，东南亚和大洋洲为87%，拉美和加勒比地区为87%。，中国为82%。[①]这个看上去并不算光鲜的结果，还是在过去的一个多世纪中在世界各地大力发展文化教育的结果。可以推想百年前在世界各地的情景：读书看报，写写画画，是当时少数"有教养的"绅士淑女的事情，与众多"引车卖浆者流"无缘。

今天，在全球的语言中，使用人口数量超过5000万人的有19种，覆盖全球总人口的75%。剩下的数千种语言，使用人口普遍很少，其中发展出书写体系并经常使用的就更少。根据教科文组织不久前的统计，有7500种到10000种语言分布在全球各地。与这么庞大的语言数量相比，发展出书写体系并广泛使用的只占很小一部分。也就是说，今天还有许多族群和地方社区，仍然处于"无文字"的状态。中国的情况也类似——语言种类多，文字种类少。据《中国的语言》一书统计，在今天中国的版图上各民族人民尚在使用的语言有129种，不包括方言。[②]大家都知道，这些语言中真正发展出文字并在一定范围内使用的，连1/10都不到。可以大略地说，从远古到信息技术发达的今天，在全球各地海量的信息交换，仍然是口耳相传的多，形诸文字的少。

诚然，书写是人类的一宗伟大发明。信息交流器官从口耳转移到了

[①] 参见联合国教科文组织编《世界文化报告（1998）——文化、创新与市场》，关世杰等译，北京大学出版社2000年版，第424—428页。

[②] 孙宏开、胡增益、黄行主编：《中国的语言》，商务印书馆2007年版。

眼睛，从声音信息过渡到了视觉符号。在尚未发展出用技术来保存声音的时代，书写的优势是巨大的——信息被书写符号固定了下来，在编码之后可以跨越巨大的时空在另一端完成解码。书写的这种存储信息和传递信息的能力，就为知识的存储和传播带来了惊人的变化。在人类历史上，书写对于推动知识的积累和交流，进而在推动人类文明进步方面，发挥了巨大的作用。不过，就语言与文字的关系而言，语言当之无愧是第一性的有声符号系统，文字则是基于语言的视觉符号系统。世界上没有无语言的文字，只有无文字的语言（极个别人工实验性发明的文字系统不算在内）。现今生活在文字和书写文化氛围中的人，已经难以体会无文字社会的成员所操持的非文字交流方式及成效。人类整体上从长期"耳治"到引入"目治"，带来了信息技术的某些新局面的出现。言文并存，同步发展，随之出现了两种处理信息的规则。从耳治到目治的局部转换，就不光是人的信息处理器官的转换，也引发了信息处理和接收规则的转换。可以大致说，是目治的兴起，部分占据了耳治长期独霸的空间。一般而言，在许多领域，新技术的兴起就是旧技术的末日。有了火车和飞机，人们就不再坐马车赶远路了。有了装甲战车，骑兵就失去了存在的意义。有了电报和电话，传令官就没有了用武之地。可是信息技术的进步，却不是彼此取代的，而是彼此叠加的。有了文字，语言照样得以保留，而且照样有广泛的使用空间。有了互联网、超文本、多媒体技术等，语言照样得以保留和广泛使用。在高技术时代，语音转文字的技术，各种语言之间相互翻译的技术，都不仅没有脱离语言，反而是紧紧依靠着语言获得发展的。所以，口头传统并没有成为古旧事物或面临被淘汰的命运。

二、从"口承—书写大分野"论战到非物质文化遗产保护

在无文字社会，口头传统一直发挥着知识传承和文化赓续的主要作用。在已经发明和使用文字的文化传统中，口头传统也依然是传递知识

和信息交流的重要方式，因为并不是所有有用的知识都曾被书写下来，因为书写的能力、代价和便捷程度，以及人们对知识的认识程度，都限制了书写的适用范围。中土乃文献名邦，四书五经，百宋千元，典籍汗牛充栋。历史上的口碑文献则多随风消散，十不存一，不过从《中国民族民间文艺集成志书》①到正在实施的《中国民间文学大系》出版工程②，可知留存在民间记忆中的篇什，数量仍然十分惊人。文献名邦尚且如此，在那些长期以来识字人数占比很小的民族或国度中，情形可以推想而知。以中国境内的情况而言，某些少数民族文字的创制和使用已有千年之久；但总体而言，口头文学遗产的存量、影响和普及程度，都远高于书面文学成就。

可以这么说，世界各国人民分别创造了不同的语言和文化，在长期的生产生活实践中，人们共同体各自积累和总结的海量知识，假如可以按照民俗学界的通常划分办法，大略分为物质民俗、精神民俗和制度民俗的话，那么见诸文字文献的，不过冰山一角。简而言之，在口头传统中蕴藏了海量的关于人类文明进步和技术发展的信息。所以听到如下的话，我们应该毫不感到惊奇——开创了非洲口头历史研究方法论的

---

① 《中国民族民间文艺集成志书》又称《十大文艺集成志书工程》（1979—2009），由原文化部民族民间文艺发展中心组织实施，先后有十多万名文化工作者参与，历时30年，被誉为"中国的文化长城"。其中"中国民间文学三套集成"，即《中国民间故事集成》《中国歌谣集成》《中国谚语集成》与口头传统直接相关，包括省卷本90卷，县卷本4000余卷，分别收集民间故事25万则，出版近2万则；收集歌谣约20万首，出版10万首；采集谚语近550万条，出版45万条。此外，《中国民间歌曲集成》《中国曲艺志》《中国曲艺音乐集成》《中国戏曲志》《中国戏曲音乐集成》也与口头传统相关。

② 《中国民间文学大系》出版工程（2017年2月启动），系中华优秀传统文化传承发展工程的重大项目，由中国文联总负责，中国民间文艺家协会组织实施，计划按照神话、史诗、民间传说、民间故事、民间歌谣、民间长诗、民间说唱、民间小戏、谚语、民间文学理论等类别与系列进行编选，并在全面调研和收集整理的基础上，充分吸收当代民间文学研究的新理念、新成果，按照科学性、广泛性、地域性、代表性的"四性"原则开展工作，以省、自治区、直辖市及新疆生产建设兵团（包括港、澳、台地区）的行政区划立卷，属依照体裁归类的民间文学作品及理论研究成果总集。

历史学家让·范西纳（Jan Vansina）认为："对于文化、意识形态、社会、心理学、艺术以及历史领域的学者而言，口头传统应当被置于中心位置。"①在传统的人文学术和社会科学领域，正确评价口头传统的意义和作用的研究成果还远不能令人满意，这同时也意味着巨大的学术发展空间。

不过，与口头传统巨大的蕴藏量和深厚的文化内涵不相称的是，在东西方教育体系和学术传统中，对口头传统认识不到位、评价不准确的情况长期存在。为什么在不少文化传统中都有重文字、轻语言的倾向呢？这有多重原因。首先，与这两种信息技术的习得方式有一定关系。掌握文字需要专门训练和长时间的学习，而语言的习得却似乎是自然完成的，两者之间的难易程度和投入成本之间的差别不可以道里计。其次，在历史上分层级的社会中，文字的使用往往和王权、上层、精英等相联系，大大强化了文字居高临下的地位。最后，制度化的知识传承长期倚重书写体系，加剧了这种倾向。在纵贯 20 世纪下半叶的"口承—书写大分野论战"中出现的二分法认知体系，就典型地代表了这种陈腐却长期占据主导地位的观念。识文断字者／文盲、书写／口头、受过教育的／未受过教育的、原始／文明、简单／高级、现代／传统、神话时代的／逻各斯经验主义的、前逻辑／逻辑、前理性／理性、前分析／分析、具体／科学，而且这些二元的配对项实质上也常常被视作可以等值互换的，于是就有了现代等于高级、等于文明、等于书写、等于理性的"逻辑演绎"。②

随着"口承"（orality）与"书写"（literacy）的讨论日渐深入，国际学界对口头传统的作用、价值和意义也有了更深入、全面的认识。一些学者所抱持的书写技术与口传文化之间横亘着文明与野蛮之大分野的观点，遭到来自人类学、信息技术、讲述民族志、知识社会学、文化研究

---

① Jan Vansina, *Oral Tradition as History*, Madison: The University of Wisconsin Press, 1985, p.11.
② 巴莫曲布嫫：《口头传统·书写文化·电子传媒——兼谈文化多样性讨论中的民俗学视界》，《广西民族研究》2004 年第 2 期。

等多学科的围剿。①

简而言之，在人文学术领域，风在朝着另一个方向吹——关注底层的、边缘的、非主流的社会文化的倾向逐渐抬头。在史学领域发展出了口述史（Oral History），在诗学理论中拓展出了"口头诗学"（Oral Poetics）和"民族志诗学"（Ethnopoetics），在音乐学界出现了"民族音乐学"（Ethnomusicology），在社会文化研究领域，欧洲中心主义遭到挑战，后殖民主义兴起，多元文化主义赢得广泛欢迎，并渐次走向对文化多样性的弘扬。由教科文组织牵头发起的保护非物质文化遗产思潮和国际行动，正在蓬勃发展之中。由精英文化、书面文化独霸话语权的局面，正在得以改变。国际社会对以口头传统为核心的民间文化的重视和保护理念逐渐得到越来越多人的认同，并随后通过学术研究成果和国际组织推动迅速向全世界铺开。

我们应当为人文学术界记一笔。自20世纪30年代以来，一些来自古典学、民俗学、人类学、民族学等学科的学者先从学理上深入讨论口头传统的重要意义，进而直接参与了教科文组织若干重要文献的起草和实施工作，在理论和操作层面都做出了持续性贡献。

1989年10月17日至11月16日，教科文组织第25届会议在巴黎召开，会上通过了《保护民间创作建议案》（Recommendation on the Safeguarding of Traditional Culture and Folklore），倡导世界各国尽快采取行动，保护并传播传统文化和民间文学艺术（民俗）这类全人类的共同遗产。该建议案指出，民间创作（或传统的民间文化）是指来自某一个文化社区的全部创作，形式上包括语言、文学、音乐、舞蹈、游戏、神话、礼仪、习惯、手工业、建筑术及其他艺术。1997年11月，教科文组织执行局第154次会议指出，由于"口头遗产"和"非物质遗产"是密不可分的，建议各国在确认之际，在口头遗产后面加上非物质的限度。

---

① ［美］埃里克·哈夫洛克：《口承—书写等式：一个现代心智的程式》，巴莫曲布嫫译，《民俗研究》2003年第4期。

1998年，该执行局在其第155次会议期间制定了"人类口头和非物质遗产代表作条例"，正式提出了这个概念。1999年11月，教科文组织第30届大会通过决议，正式发起"宣布人类口头与非物质遗产代表作计划"，旨在保护各国人民世代相承的、与民众生活密切相关的各种传统文化表现形式（如民俗活动、表演艺术、传统知识和技能，以及与之相关的器具、实物、手工制品等）和文化空间。2001年和2003年，教科文组织先后通过了《世界文化多样性宣言》和《保护非物质文化遗产公约》两个具有里程碑意义的国际文书。至此，口头和非物质遗产被归并为"非物质文化遗产"。

至于为什么口头传统与非物质文化遗产结合得如此紧密以至于起初就叫作"口头和非物质遗产"，这与口头传统的特性有关。在人类文明长期进化过程中，如前已述及，口头传统是人类最重要的、在不少情况下是唯一的信息传递方式。在无文字社会中，在不识字人口占多数的社会中，在书写普及但并不需要文字交流的情境中，口头传统都是被广泛地使用的。经教科文组织多次调整并最终界定的"非物质文化遗产领域"包括以下五个方面：

（1）口头传统和表现形式，包括作为非物质文化遗产媒介的语言；

（2）表演艺术；

（3）社会实践、仪式、节庆活动；

（4）有关自然界和宇宙的知识和实践；

（5）传统手工艺。①

这里的口头传统，不仅是整个非物质文化遗产的第一领域，而且统摄着其他领域。从表演艺术到社会实践、仪式、节庆，从有关自然界和宇宙的知识和实践到传统手工艺，都离不开口头传统多方面的参与和支撑。不通过言传身教而掌握传统知识和技艺，这是难以想象的。比较极

---

① 文化部外联局编：《保护非物质文化遗产公约》，参见《联合国教科文组织保护世界文化公约选编》，法律出版社2006年版，第22页。

端的例子，如非洲的"鼓语"，是用有节奏的鼓声传递信息的，似乎没有直接使用语言。不过，对鼓语的掌握和对信息编码方式的约定，仍然是通过口头传统来完成的，因而也就具有了语义传达的旨归。

总之，对传统社会的知识体系进行考察，离不开对口头传统的考察。口头传统在传承人类文明中的重要作用，通过《保护非物质文化遗产公约》得到充分的尊重和体制化的确认，这应当理解为国际社会（包括学术界）对长期以来轻视和忽略非物质文化遗产和传统文化表现形式之倾向的修正，也等于重申了一个基本事实：人类整体上是靠着口头传统和书写技术两个车轮来传递信息以推动文明进步的。

三、口头传统与口语艺术

强调语言的重要性，并不是为了挑起言与文孰轻孰重之争。语言和文字是各自顺应不同的环境和需要而产生和发展的，原本不该拿来比较高下，但为了说明语言的潜力和能力，或者按照美国学者的说法，呈现"语词威力"（word power）[①]，还是可以展示一二。"口头传统"译自英文"oral tradition"，有广义和狭义之分：广义的口头传统指口头交流的一切形式，狭义的口头传统则特指传统社会的沟通模式和口头艺术（verbal art）。文化人类学、民间文艺学等学科研究的口头传统，往往主要是后者。[②] 语言和文字都是人类长期使用的信息技术，在日常使用之外，最能体现其高度和难度的，还是在文学艺术领域的运用。这里，让我们先回到文学的领域。

作家们多是驾驭语言的高手，有些堪称语言巨匠。民间的口头文学，就常常被精英们认为在语言使用上简单、粗鄙和啰唆，是不登大雅之堂

[①] John Miles Foley, "Word-Power, Performance and Tradition", *Journal of American Folklore*, Vol.105, No. 417（Summer, 1992）, pp. 275-301.

[②] 参见朝戈金《口头传统：人文学术新领地》，《光明日报》2006年5月29日。

的村言野语,与文人精致高雅的语言能力和水平不可同日而语。其实,言文并存并行,各自有实用文体和艺术表达,二者长期各有施展的空间和使用的条件,各有构造的法则和传播的途径,也经常相互影响和彼此渗透,原本不应简单并置对照,非要分出伯、仲、叔、季来。不过,从几个维度衡量一下,也未尝不可。简单说,在作家书面文学和民间口头文学之间作对比,就遴选各自的上品进行大致比较的话,无论就篇幅容量规模之巨、艺术造诣技巧之高、情节结构线索之繁复、语词艺术形象之传神、传播流布之广泛,还是作家和歌者的个人才情,口头创编的文学这一端皆不落下风。以卷帙浩繁而言,莎士比亚的戏剧作品或巴尔扎克的"人间喜剧"系列当然都是皇皇巨制,可印度的《罗摩衍那》、我国藏族的《格萨尔》,虽为口头创编,篇幅上也是不遑多让。最近,四川方面正在筹划出版"《格萨尔王全集》藏文文库",规划出版370余卷函,计有8000万字,将历年发现的古籍手抄本、木刻本、早期铅印本等版本,以及大量从口头采录的誊写本(包括一些典型的异文本)结集出版,这应该成为《格萨尔》史诗传统的一次比较集中的成系统的亮相[①]。至于史诗演述人的选本,以我们所知,目前由个人独立演述《格萨尔》诗章最多的是已故传承人桑珠,系列化的"桑珠本"便是从其演述录音中誊写并整理陆续出版的,虽然仅占录音资料的三分之二,也达48卷之多。光是从篇幅上看,口头演述人这种把握体量巨大叙事的能力,不可谓不惊人。

就艺术成就而论,古希腊荷马史诗《伊利亚特》和《奥德赛》长期被视为欧洲文学之滥觞,其结构篇章之高妙,形象塑造之栩栩如生,情节结构之跌宕起伏,可与任何文人佳构比拼而不落人后。至于包容宏富,言辞隽永,乃至作家歌者的才情,都有大量事例表明,两两相较,各有上品奇人,毫不输阵。文人写作当然有时间反复斟酌吟咏,"二句三年

[①] 王波:《〈格萨尔王全集〉出版研讨会在四川成都隆重举行》,2018年10月16日,人民网——四川频道,http://sc.people.com.cn/n2/2018/1016/c345167-32163458.html。

得，一吟双泪流"（贾岛诗）的推敲，"批阅十载，增删五次"（曹雪芹）的打磨，却是会让口头传统的伟大歌者哂笑。这些歌者们最擅长的是在演述现场即兴创编，不假思索，流畅讲述。以文学地位而言，在中国，被奉为经典的《诗经》，尤其是其中的"十五国风"，多是老百姓的口头歌谣。作为芬兰文化标志的史诗《卡勒瓦拉》也是埃利亚斯·伦洛特（Elias Lönnrot）从民间搜集上来编缀而成的长诗，却成了芬兰民族文化上最自豪的创造之一。许多民族将其口头传承的大型叙事作品视为其民族精神的象征，这样的例子俯拾即是。至于艺术的生命力，这些口语艺术的高峰动辄传承数千年。《摩诃婆罗多》公认形成于公元前4世纪至公元4世纪的800年间，至今仍传唱不衰。另一个不胫而走的例子是《格萨尔》，其传承地域相当辽阔，且跨越了多个语言壁垒，在我国的藏族、蒙古族、土族等民族中流传，乃至走出国界，在俄罗斯、蒙古、巴基斯坦、印度、尼泊尔等地传唱。此种情形，断不是"简单、粗鄙"所能达臻。所以，认为文字晚出就一定立于高阶的看法，是幼稚和不全面的。

这里再胪列几个差异点，凸显口头艺术和书面文学在知识生产环节的几个特征：就文学生产而言，作为文学生产者，作家文学是某个个体的创造，偶尔有合著的；民间文学是众人创编的，时有杰出的个体留下某些个人的印痕。作家文学的生产、传播和接受是彼此分离的；口头文学的生产、传播和接受经常是在同一特定时空中完成的。作家的创作讲究创新，民间的创编讲究传承；作家和诗人要追求花样翻新，所谓"语不惊人死不休"；民间歌手则恪守传统古制，将前人留下来的演述常规当作不可逾越的雷池。作家作品一旦完成，进入批量复制和流通，就和作家分离了，读者的接受过程一般是独立进行的。民间演述则不同，歌手的演述过程，同时也是受众的介入过程，受众会以各种各样的方式反作用于歌手的现场创编，从而时常引起故事内容的变异。总之，跨越巨大的时空进行传播，是书面文学的优长；在同一时空中互动，是口传文学的擅场。从语词到结构，作家处处追求新奇；从语词的程式化运用到故事类型的模式化，民间歌手处处要有"法度"（也就是遵循在长期传承中被千锤百炼的语词程式、典型场景和故事范型）。书面文字一旦制作完成，往往就成为定型的"作品"；口传文本在长期传承中，随时"层累地"发生各种变化。在都市文学生活中，文学生产和消费往往是一个相对独立的事象；在乡村文学生活中，文学艺术的实践过程，则往往与仪式活动等结合在一起。于是口传文本经常是"镶嵌"在仪式实践的过程之中，受到仪式的规范和制约——其长度、完整性、社会功能、审美特征等都会相应发生这样或那样的适应性改变。对都市文学生活而言，文学主要发挥娱乐性功能；对于乡村文学生活而言，文学在很多时候是民俗生活事件，有时是生活实践中必不可少的一宗操演。就此点而言，口传文艺往往就是民间生活的一部分。

四、口头传统与历史研究

口头传统的社会功能远不止口语艺术领域，虽然其特质在口语艺术领域得到多方面的呈现。对众多无文字民族而言，口头传统的一个重要功能，是历史人物事件的记忆保存和反复言说，所以，口头传统也往往承载着族群的历史。如上面所提及的，20世纪下半叶关于"口头性"功能和意义的讨论，影响及于历史学科，尤其是引发了口述史（oral history）这一研究方向的新拓展。按照一些历史学家的看法，口头传统中的一些部分当然属于历史资料，可以通过分析口头传统推进历史学相关研究。不过，与文艺学家和传播学家所关注的重点不同，历史学家是立足于其学科立场，在其研究范式中展开工作的。于是，他们眼中的口头传统与其他学科所讨论的口头传统，便有诸多不同。按照《口头传统即历史》（*Oral Tradition as History*）作者范西纳的说法，口头传统这个术语有双重含义，既指涉"过程"（process），也指涉该过程的"结果"（products）。以口述方式在特定时刻表现（rendering）就是"过程"，表现的信息内容就是"结果"。①

作为从口头传统（主要是非洲口头传统）中发展出历史学方法论体系的开创者和理论权威，范西纳对口头传统进行了整体性的学理性思考，建构了一套颇具阐释力的方法。按照他的归纳，一则信息的生成，通常有如下来源：新闻（news），见证（eyewitness），传闻（hearsay），幻象、梦境和幻觉（visions，dreams，and hallucinations）等。②从过程角度考察口头传统，则需要区分语言使用的特点，是日常用语还是特殊用语；从社区成员取态的角度，可以进而区分一个信息的真或伪，或者是虚构性的还是非虚构性的（如民间故事）。既然范西纳是在建构一个完整的口头传统谱系，那么在他的体系中，也包括了史诗、故事、谚语等口头文类（genre），并进而做出了个人传统（personal tradition）和群体解释（group account）的区分。在范西纳的定义中，作为历史资料的口头传统，需要至少传承一代人以上。所以在他看来，"口述史"（oral history）通常研究的是"当下史"（immediate history），是讲述者对其有生之年所经历事件的记述，而"口头传统即历史"所处理的材料是通过口耳之间多次传递的跨越代际的信息。当下的和代际的历史信息，从材料的搜集到材料的分析都是不同的。③

光是谈论道理是一回事，用给定的方法分析材料则是另一回事。范西纳用一些事例来说明口头传统中历史材料所具有的特性：在非洲及邻近地区有些史诗非常古老且长期流传。例如哈吉亚（Jaziya）史诗至今流传于从约旦到阿尔及利亚的广大地区，史诗主要讲述巴努希拉尔人（Banu Hilal）于1049—1053年攻占突尼斯的事情。历史学家伊本·卡尔敦

---

① 参见 Jan Vansina，*Oral Tradition as History*，Madison：The University of Wisconsin Press，1985，p.3。

② Jan Vansina，*Oral Tradition as History*，Madison：The University of Wisconsin Press，1985，pp.3-7。

③ Jan Vansina，*Oral Tradition as History*，Madison：The University of Wisconsin Press，1985，pp.12-13。

（Ibn Khaldun）在15世纪初记载了该战事。说明该战争确曾发生，而史诗可以承载久远过去的事件。当然，史诗材料也可能被其他后起的史诗并合，或转而进入民间故事当中。[①] 另一则例子更为有趣：在1853年到1856年的某个时候，10个来自亚利桑那的霍皮人（Hopi）在从迪法恩斯要塞返回途中遭到纳瓦霍人（Navaho）的袭击，至少有4人被杀，死者中包括霍皮人村庄的首领，其结果导致某个新家族接管了该霍皮人聚落。事件引发了相互报复，再后来议定了纳瓦霍人和霍皮人之间的分界，某个分界点就靠近当年发生袭击事件的地方，争端最终平息下来了。在1892年，关于该事件的两个版本的叙事被记录下来，先是一个关于该事件的简要记述，三周后，该事件发生时已是成年人的加斯基尼（Djasjini）作为亲历者和幸存者讲述了事情经过并同样被记录下来，形成第二个版本。这位亲历者的叙述，也还是事件的基本经过，不过带有更多细节，篇幅也长得多。到1936年，一个显然已经成为口头传统的第三个版本被某位霍皮人刊布，并且显然从个人叙述到集体叙述的转换已然在这个版本里完成。最后这个版本与前面的版本有诸多显著的区别：整个故事的特性被改变了，增加了霍皮人去迪法恩斯堡的动因——当初两个男人在争夺一个女人，为了表现勇敢无畏，决定去这个会搭上性命的地方，通过牺牲生命以永远标定纳瓦霍人和霍皮人之间的边界。整个事件被表述为命中注定要发生的，两个情郎也分别被称作鹰鸷和野兔，以明显区分他们。事件本身没有被渲染，不过在事件发生时还是少年并受了重伤的哈尼（Hani）转而成为这个版本中的英雄，他的角色或多或少被理想化了，类似祖尼人（Zuni）神话中"双战神"的形象。[②] 在历史学家看来，这种叙述策略的变动，有其历史根源：首先是从意义和形象方面为材料增添了重要性，其次是为后来霍皮人首领的变动做了铺垫说明，最后则

[①] Jan Vansina, *Oral Tradition as History*, Madison: The University of Wisconsin Press, 1985, p.25.
[②] Jan Vansina, *Oral Tradition as History*, Madison: The University of Wisconsin Press, 1985, pp.19-20.

是为冲突双方边界的确立设置了前因后果。这样，与当前重要事情相联系的历史上发生的不该被忘记的事件，就被纳入传统性叙事框架中而得以保存。这个事例清楚地说明为何人们要保持口头传统，以及事件的信息在被纳入传统的过程中是什么因素导致了种种改变的发生。①

在世界各地，尤其是在无文字社会中，口头传统与历史的关联十分紧密而复杂。一个在历史学领域非常典型的例子是《蒙古秘史》（亦称《元朝秘史》，简称《秘史》）的形成和传承过程。按照蒙古史大家亦邻真的概括，13世纪蒙古勃兴于漠北，蒙古大汗命令必阇赤（书记官）写历史"脱卜赤颜"，于是，一个供内廷秘藏的史乘就这样产生了——"《秘史》是由一批耆老们回忆和口述，必阇赤们记录、整理加工的产物。"②他还总结说，《秘史》是用畏吾体蒙古文书写的，书写者应当是众多必阇赤，且该书的增补和修订进行了多次，所以很难指出确定的成书年代。后来，在明朝与蒙古的多次战争中，《秘史》原文落到明人手中。为了与北元打交道，明朝需要训练一批通蒙古语的官员，于是将其用作语言教材：逐词用汉文音写，以特定体系标注语法关系，加上傍译和总译，就成为今天我们所能见到的《秘史》的样子，而原文则散佚不传。不过，从成书于17—18世纪的罗藏丹津《黄金史》对"脱卜赤颜"有大量移录这一现象，可知"脱卜赤颜"确曾有所传承。③蒙古国历史学家沙·比拉则进一步指出："产生于13世纪的蒙古史学史，在数百年中保存并发展了它固有的独具一格的文字传统和口头传统，而这一传统之渊源便是《纽察·脱卜察安》（即《秘史》——引者注）。"④

虽然移录有多种文字文献，但《秘史》今传本的主要部分，在民间

---

① Jan Vansina, *Oral Tradition as History*, Madison: The University of Wisconsin Press, 1985, p.20.
② 亦邻真：《元朝秘史（畏吾体蒙古文复原）》（前言），内蒙古大学出版社1987年版，第86页。
③ 亦邻真：《〈元朝秘史〉的流传与价值》，载《亦邻真蒙古学文集》，内蒙古人民出版社2001年版，第694—699页。
④ ［蒙古］沙·比拉：《蒙古史学史》，陈弘法译，内蒙古教育出版社1988年版，第199页。

文化研究者看来，是"口述记录文本"（oral dictated text）。所以，对《秘史》的研究也就不能脱离口头传统研究的基本法则。虽然彼时已有文字使用的情况，但可以想见的是，整个社会的精神文化氛围，还主要是口头传统占据信息传递主导地位的时代，这种时代风貌当然会在口头史乘的文字化过程中烙上鲜明印记——"在草原环境中长大的作者们，无力驾驭纷乱的史实材料：年代上的错乱不止一二处；不同时期的同类事件裹在一起说，结果与史实有不小出入。史实愈复杂，他们这些弱点便表现得愈明显……可以想见，除了一部分文字资料，如成吉思汗的某些圣旨、札撒、圣训的记录之外，大部分素材是口述的。提供素材的口述者和记录、编纂的必阇赤不会是一个人。前者杂乱无章地讲述回忆起来的往事，后者把它记下来，再做整理。"[①]

在早期口头传统占据支配地位的文化中，往往出现这样的情况：幻想的世界和现实的世界、主观的世界和客观的世界尚未形成明确的界分，科学地认识和描述对象与艺术地把握对象之间的界分也尚未确立。所以，正如亦邻真正确指出的那样，在《秘史》中，历史的真实和艺术的想象之间的界限也十分模糊："文史不分，是各民族早期史书的共同特点，是这些民族思维发展程度的反映。对历史过程的看法，史家都有自己的倾向性，古今都是如此。但在抽象思维尚不发达的时代，褒贬常常通过直观的描述来表现。在某种意义上，《秘史》的文学描写是代替评论的，这也是这部书的一个特色。"[②]

将历史事件纳入口头传统，讲述和传承下去，《秘史》是众多例子中很特殊的一个，因历史机缘完成了从言到文的转化，又凭借着汉字记音本，让后世的我们得以窥见当初的情景。当然，口头传统的特征之一，是通过文学性来整合演述场域，加强讲述人和听众对历史事件的认同取

[①] 亦邻真：《元朝秘史（畏吾体蒙古文复原）》（前言），内蒙古大学出版社1987年版，第75—76页。
[②] 亦邻真：《元朝秘史（畏吾体蒙古文复原）》（前言），内蒙古大学出版社1987年版，第77页。

态，所以他们大概也没有太在意追求所谓客观公正、秉笔直书。既然成吉思汗黄金家族获得了正统地位，那么作为其竞争对手和对立面的札木合、汪罕等人，就合该被描述为"平庸、畸形的丑角"①，这是符合他们的情感、愿望和历史建构法则的。这种通过文学性表述来传递臧否态度的做法，今人当不必苛求，何况这也并不能减损《秘史》在历史、文化、文学等方面的重要价值。②

历史学家关注真实性，也就关注口头讲述的历史（被记录下来文本化的）与真实人物事件之间的距离，假如能够观察得到，进而对由于种种原因发生的变化做出比对和描述，对变化的原因做出推断和解释。与其他学科的做法相似，历史学家在处理作为史料的口头材料时，也要讲究口头材料的文本化（textualizing）过程——速记、录音、誊写、翻译等，交代把言语过程及其结果转化为书写文献进而将其当作历史文献的合理性。

不过，口头传统的特性，会给历史叙事打上特有的印记。譬如，一段陈述是一个声音文本，在多次复述中会依据不同演述环境发生变异，例如受众的构成情况、讲述人的心绪和心智情况、讲述当时的情势和局面等，都会影响到文本的样貌。讲述人心中记忆的关于特定事象的"大脑文本"（mental text）③与其讲述出来的音声文本（voiced text）之间从来不是同一的，因为大脑文本是无形的动态的存在，会持续受到各种因素的影响，导致较晚生成的要素会持续影响早先形成的文本。再譬如，作为传通技术，口头传统的技术会制约文本的面貌，如表述单元的"俭省"

---

① 亦邻真:《元朝秘史（畏吾体蒙古文复原）》（前言），内蒙古大学出版社 1987 年版，第 76 页。
② 联合国教科文组织执行局会议 131/EX50 号文件（1989 年），号召会员国纪念《蒙古秘史》诞生 750 周年，并对该著作的历史、文化、文学价值等做出了多方面的高度评价。
③ Lauri Honko, *Textualising the Siri Epic*, *Folklore Fellows' Communications*, No. 264, Helsinki: Academia Scientiarum Fennica, 1998, p.92.

或"经济"的原则,写人状物的具象符号化原则和"对抗的格调"①原则等。

总之,口头传统与历史学携手,已经给人文学术带来了新的景观——不仅在相当程度上拓宽了历史学范畴,而且给口头传统的研究带来新的维度和论域。历史学从来都讲究"言必有据",以往的"据",是文献,后来加上了文物,有人又呼吁加上图像,再后来则论证应该加上口碑——尤其是对诸多无文字社会的历史溯源,离开了口碑便无从下手。范西纳和他的同道们的贡献,就已经在我们面前打开了一扇新的窗,让我们得以看到新的风景。②

五、口头传统研究诸流派及晚近发展

北美是口头传统研究最活跃的地区。除前述口头历史学派的代表范西纳(比利时人)长期执教于美国威斯康星大学外,"口头程式理论"创始于哈佛大学,"民族志诗学"和"演述理论"的创建人同样是在美国开宗立派,《口头传统》学刊是在美国编辑出版。总之,在文艺学、文化人类学、民俗学等相关学科中凡是与口头传统发生密切联系的各路学术骨干多与美国相关。前面"口头传统与口语艺术"一节所涉及的诸多观点和理念,大多来自下文述及的几个学派。

哈佛大学教授阿尔伯特·洛德(Albert B. Lord)于1960年出版的《故事的歌手》(*Singer of the Tales*)开启了一个极为重要的文化人类学、古典学和比较诗学研究方向。从20世纪30年代开始,洛德追随他的导师兼合作者米尔曼·帕里(Milman Parry)推动了一整套从语文学、人类学和古典学中生长出来的方法论,集中阐释文学活动中的"口头性"问

---

① [美]沃尔特·翁:《口语文化与书面文化:语词的技术化》,何道宽译,北京大学出版社2008年版。
② 关于范西纳在史学领域的理论和方法论贡献和局限,参见刘伟才《范西纳的非洲史研究》,《世界历史》2016年第6期。

题。因为他们的研究特别重视对"程式"特性和作用的研究，该学派被命名为"口头程式理论"（Oral Formulaic Theory），也有按照两位合作开创者的名字命名为"帕里—洛德理论"的（Parry-Lord Theory），成为半个多世纪以来国际学界研究口头传统最具阐释力和影响力的理论。该学派的核心概念，是"程式"（formula）、"典型场景"（typical scene）及"故事范型"（story-pattern）。该学派一经面世，便获得很高声誉，一时追随者和响应者云集。在短短二三十年间，就有超过150种语言的叙事传统采用了口头程式理论的方法展开研究。在美国密苏里大学的口头传统研究中心网站上可以看到，自《口头传统》（Oral Tradition）1986年创刊以来，光是在这份刊物上出现的各类征引材料，就有15000条之多，辐射到100多个地区。① 从这些数字来看，在国际学界的各类出版物中，口头传统研究在英、法、西班牙等语言传统中，已涌现出大量的学术成果。与口头传统研究有直接关联的学派，在美国稍晚一点还出现了两个，一是以《黄金时代：民族志诗学》（Alcheringa: Ethnopoetics）的创刊为出山标志的"民族志诗学"，以杰罗姆·罗森博格（Jerome Rothenberg）和丹尼斯·特德洛克（Dennis Tedlock）等人为旗手，宣称要立足本土文化传统来理解本土诗歌，侧重讨论了在不同文化传统之间翻译和理解诗歌的种种障碍和观念的藩篱等问题，其反思颇具力度。二是理查德·鲍曼（Richard Bauman）等人倡导的"演述理论"（Performance Theory），则强调演述过程中在场的诸多要素都参与了意义的制造，因而超越以往以文本为中心的研究路线；仔细研究演述过程中各要素如何参与意义的生成和传递，"演述理论"的推出多少是对既往讲述民族志（Ethnography of Speaking）技术路线和研究理念的一个深思熟虑的校正和补充。总而言之，可以看出，多学科的方法、比较的视野以及极为广阔的学术视野，从一开始就是口头传统研究的主要特色。

言及口头传统研究，不能绕过该领域的旗舰刊物《口头传统》。约翰·

---

① 参见美国密苏里大学口头传统研究中心网站（http://oraltradition.org）。

迈尔斯·弗里（John Miles Foley）是其创刊人和长期任职的主编，也是口头传统研究领域的巨擘。他以密苏里大学哥伦比亚校区为基地，不间断地推进了"口头传统研究中心"（Center for Studies in Oral Tradition）和口头传统专业门户网站（http://oraltradition.org）的建设，并以大量的著述在口头传统研究的诸多领域都做出了卓越贡献。弗里较早便做了资料索引工作，旋即撰写了口头程式理论的发展史和方法论的简明教程《口头创作理论：历史与方法论》（*Theory of Oral Composition*: *History and Methodology*）[①]，联合若干学者编写了《口头传统教程》（*Teaching Oral Tradition*）。其箧中遗作是《口头传统与互联网：思维通道》（*Oral Tradition and the Internet*: *Pathways of the Mind*），可谓打开了另一扇门，让我们得以窥见口头传统这宗"古老常新"的人类表达文化之根，是如何奇妙地、以令人难以思议的方式，与互联网形成彼此高度契合的关系。[②] 该著的巨大意义今天还没有得到学界的到位认识，互联网与民间文艺学的对话还远未展开，不过，透过弗里的前瞻性研究，我们已经瞥见其迷人的光影。我坚信，今后随着互联网技术的飞速发展，弗里关于人类思维通道的讨论，因深刻揭示人类口头交流的特性和规律，展现了口头传统与现代信息传播技术的内在通衢，终将得到广泛的认可和推崇。就民间文艺学等领域而言，假如要概括其创见，究其大端，可以说他从南斯拉夫口头传统的田野作业资料出发，总结了"大词"（larger word）这个从歌手立场出发的结构性单元，克服了以往学者从学科观念体系出发建构概念的弊端。这个立场转换，带来了一系列后续的思考：例如口头和书写构成了一个宽阔的谱系关系，不能简单处理为二元对立关系，这就让诸多纠结于不知如何拿捏当代读书识字的民间演述人"身份"和"定位"的学者，找到了解决之道。他关于"传统指涉性"（traditional

---

[①] 中文译本为［美］约翰·迈尔斯·弗里：《口头诗学：帕里—洛德理论》，朝戈金译，社会科学文献出版社2000年版。

[②] John Miles Foley, *Oral Tradition and the Internet*: *Pathways of the Mind*, Champaign: University of Illinois Press, 2012.

referentiality）的总结，关于"语域"（register）的提炼，关于"传奇歌手"（legendary singer）的观察，关于古斯勒琴与旋律和诗歌格律关系的深入讨论①，加上他和劳里·航柯（Lauri Honko）一道总结的口头传统文本类型和分类法，构成了一个体系化的理论框架，为我们理解口头传统的特性，扫清了诸多理论障碍。

沃尔特·翁（Walter J. Ong）是另一位口头传统方向的巨擘。翁关于口头性与书面性关系的讨论，在学界有很大的影响。他对于《圣经》，尤其是《旧约全书》口头性的解读，展示了极高的文本解读水平和对语词的辨析能力。他讨论口头性与书面性关系的著作，早就成为从事民间文艺学的专业人员经常参考的著作②。英国学者鲁斯·芬尼根（Ruth Finnegan）关于非洲口头文学的系列研究，都是基于长期深入观察所得，有很高的参考价值。非洲口头传统蕴藏极为丰富、语言系统极为复杂、地方文类（local genre）的形态极为多样，为全球口语艺术的谱系，增添了大量类型，也为理论思考和总结，增加了鲜活的样本，同时增添了难度和挑战。

热衷于口头传统研究的学者，多来自文化人类学、民俗学、民间文艺学等领域，这是我们可以想到的。还有一批来自古典学的学者，业务上言必称希腊罗马，视经典文献为文明滥觞，似乎与下里巴人的文化颇有距离。但实际情况是，恰恰是若干来自古典学的学者，在最初推动口头传统研究方面，发挥了相当大的作用。哈佛大学教授帕里和洛德是走出古典学去拥抱口头传统的开路人，今天哈佛大学的古典学掌门格雷戈

---

① John Miles Foley, *Traditional Oral Epic: The Odyssey, Beowulf, and the Serbo-Croatian Return Song*, Berkeley and Los Angeles: University of California Press, 1990; *Immanent Art: From Structure to Meaning in Traditional Oral Epic*, Bloomington: Indiana University Press, 1991; *The Singer of Tales in Performance*, Bloomington and Indianapolis: Indiana University Press, 1995; *How to Read an Oral Poem*, Urbana and Chicago: University of Illinois Press, 2002.

② ［美］沃尔特·翁：《口语文化与书面文化：语词的技术化》，何道宽译，北京大学出版社2008年版。

里·纳吉(Gregory Nagy)也一如其前辈,在语文学与古典文本佶屈聱牙的解经过程中,时时闪现着口头传统研究特有的观照和洞见[①]。无独有偶,弗里也出身于古典学教育摇篮之一的麻省艾姆赫斯特学院,所以看到他的著述涵盖了从古希腊、古英语到当代南斯拉夫的诸多口头传统,也就不感到奇怪。

把口头传统当作民间口头艺术创造,或当作历史叙事,或当作信息传通,会有不同的理论指向。"口头诗学"的明确号召,在西方知识格局中,出现于20世纪60年代,如今已经在若干维度上获得发展,不过,其理论的系统化工作迄今尚未完成,多少影响了它在整个诗学体系中的地位。尽管如此,它在处理口头材料上的阐释力,以及它对相关学科的影响力,已日渐增加。看得再远一些,就会发现在西方之外,也有很早就关注口头创作的。苏联学者包加得列夫在其《俄罗斯人民口头创作导论》中就转引高尔基的话,强调语言艺术的起源在口头文学中,进而指出口头文学与(书面)文学的不同,强调了口头文学对音乐和绘画等民间艺术的影响等。[②]钟敬文先生关于"口唱的文学"的讨论,自20世纪20年代就开始了。他论述过民间诗歌与谚语的关系,以及口头文学与古典文学的关系,还斟酌过口头文学中的口头观等,都显示出他对口头文学地位、属性、功能、特征和规律有长期思考。有学者因此将这些学理性思考概括为他的"民间诗学"思想。[③]简言之,在东西方各自的文化传统中,都有对口头诗学的认识。本文不拟介绍口头诗学的论域和术语体系,以及它与东西方传统诗学体系之间的关系,因为那需要另外的场合专门撰文。此处仅强调一点:口头诗学的理论生长空间很大,它与主要

[①] [匈牙利]格雷戈里·纳吉:《荷马诸问题》,巴莫曲布嫫译,广西师范大学出版社2008年版。
[②] 北京师范大学中文系民间文学教研室编:《民间文艺学参考资料》(第二集,内部教材),1982年印,第15—42页。
[③] 董晓萍:《钟敬文与中国民俗学派——钟敬文个案研究之三》,中国社会科学出版社2017年版,第50页。

总结自书面文学的诗学法则有诸多不同，而且这些差异源自信息从生成到传播的全过程，所以对口头传统的解释，并不能基于书面文化中生成的规则进行推导。另外，关于口头性的研究，说到底是因为有书面性作为对照才发生的。假如人类只有口头传统而没有文字书写，则不可能有关于口头传统的讨论。口头诗学强调声音，强调在"演述中创编"，可以说，不是口头吟诵而是在口语环境中现场创编，代代传承，这些才是口头诗学的要义所在。

最近，我注意到有些来自不同国度的学者，正在携手力推"认知口头诗学"（cognitive oral poetics），这是"认知诗学"（cognitive poetics）的一个新的分支。他们试图桥接语言学与诗学的方法论，在论域的互渗和交叠中，形成新的对于口头诗学法则的来自认知语言学的规律总结[①]。这当然与"口头诗学"的开疆拓土有密切关联，但作为演述行为的口头传统与语言规律之间的一体两面的关联才是推动该领域发展的主要原因。

结　语

中国有长久的书写和印刷文化发展历史，似乎是"目治"挤压了"耳治"，其实也给口头传统带来了更多机会，为口头传统研究的纵向比较和溯源追流提供了更多的可能性，也为口头文本的"文本化"提供了诸多样本。想想汉文傍译的《蒙古秘史》的源流，想想今天还有100多种语言在使用，便可知在中国从事口头传统研究的得天独厚之处。有鲜活的口头演述事象，有存于文献中的历史上形成的口头文本的誊录，这是难得的机缘和条件，考验的是我们的眼光和能力。

国际学界大批杰出学者曾参与关于口头传统的讨论，传播学家马歇尔·麦克卢汉（Marshall McLuhan）、结构主义人类学家列维–斯特劳斯（Claude Levi-Strauss）、人类学家杰克·古迪（Jack Goody）和鲁斯·芬

---

① 朝戈金：《口头诗学》，《民间文化论坛》2018年第6期。

尼根、语言人类学家戴尔·海默斯（Dell Hymes）、文化哲学家沃尔特·翁，以及来自古典学、文艺学及民俗学诸领域的帕里、洛德、航柯、弗里、纳吉、鲍曼等，他们从各自的学术领地出发，以那些极为出色的研究，让口头传统成为今天和今后国际人文学界的一个重要领地。可以预期，口头传统研究的体系化发展，必将会带来对人类表达文化的整体反思和知识框架的重新整合。口承—书写—印刷—互联网，传播媒介的更迭，以累加而不是彼此取代的方式，丰富着人类的交流实践。当今的电子传媒时代，被翁称作"次生的口语文化时代"，口头传统在新的媒介平台上再度一展身手，与电子技术结合得神秘莫测，幻化出多种新传播样态。在虚拟的赛博空间中，语词之流如水银泻地无孔不入，又如无边的神经网络，瞬间在全球传递着信息。电子技术承载着人的声音，让古老的面对面说话技术，变成无远弗届的新招数。不愧是"人类表达文化之根"（弗里语），口头传统从蛮荒时代便伴随人类一直走到今天，当然还会走下去。谁敢说在今后人工智能高度发达的时代，人类会抛弃说话这个便捷的武器？

综上所述，口头传统是信息技术，又不止于技术，还是人类在漫长的进化过程中发展起来的观念和操演的结合。口头传统既存在于每个个体的心智中，又借助身体器官完成彼此的交流而汇聚成更大的观念之池，整个人类文明的赓续都能由此得到彰显。在人文学术领域，对口头传统的研究，在文艺学、传播学、历史学等领域已经取得了骄人的成就，但还远远不够，因为口头传统几乎关联着人类精神世界和物质世界的一切方面，只有不同学科的彼此协作和交替推进，才能逐个解决那些更为宏大的问题。探讨口头传统及其与人类活动最具广泛性和多样性的内在关联，不但具有认识论价值，更具有方法论意义。在当今中国人文学术领域中，口头传统研究的裨补缺漏之举，也当尽早施行。

［原载《内蒙古社会科学（汉文版）》2019年第2期］

口头传统概说

一、口头传统的勃兴

今天讲的口头传统，英文是 Oral Tradition。北美的一些学者简称它为 OT，跟 IT 很对应——它们之间还有关系，下文要讲到。OT 作为一个学术术语和一个特定的人类活动范畴，出现得比较晚，到 20 世纪 80 年代才出现了专门刊物，就是《口头传统》(*Oral Tradition*)，红白两色的封面，字母 O 的大圈儿里是个蓄着长须的老头儿，他是南斯拉夫非常有名的歌手阿夫多。这个刊物的创办，标志着口头传统作为一个学术领地的正式登场。严格来说，此前已经有关于口头传统的研究，但初具规模且自成体系还是要到这个时期。近些年来口头传统的教学和研究发展得比较迅猛，有关情况我在一篇小文章里介绍过[①]。在美国大学中，各种各样的课程专业，有许多课程是涉及 OT 的。也有讨论口头性与书面性的专门著作，而且影响还蛮大，如鲁斯·芬尼根（Ruth Finnegan）和沃尔特·翁等人的著作。

大约从 20 世纪的 80 年代开始，联合国教科文组织转而重视并发起

[①] 朝戈金:《国外"口头传统"研究和教学实践》，载《交流与协作：中国高等院校首届非物质文化遗产教育教学研讨会文集》，西苑出版社 2003 年版，第 54—57 页。

保护人类非物质文化遗产。1982年在墨西哥召开的文化政策会议上，联合国教科文组织承认后来被称作"非物质文化遗产"的重要性，并把非物质因素纳入文化遗产的范畴中。同年成立保护民俗的专家委员会，同时设置了"非物质文化遗产处"（Section for the Non-Physical Heritage）。1989年大会通过了《保护民间创作建议案》。此后的重要文件相继问世，直到《保护非物质文化遗产公约》正式生效。眼下隶属于联合国教科文组织的非物质文化遗产名录，就有代表作名录、急需保护名录以及优秀实践名册等几类。

在联合国教科文组织推动的这几类名录体系中，口头传统的项目颇占据一些份额。在其工作框架下，非物质文化遗产分为五大领域，口头传统及作为其载体的语言，是作为第一项强调的。具体说，在联合国教科文组织公布的267个项目中（从2008年到2011年），有64个项目是"口头传统"的项目。在这64个项目中，我们可以遴选若干作为事例说明口头传统的几个属性。中非俾格米人的口头传统是跟舞蹈结合在一起的，还有一些口头传统是跟图画艺术相结合的；埃及的黑拉里亚史诗是有乐器伴奏的，与演奏有关；印度的吠陀圣歌传统是与礼仪和节庆活动结合在一起的；土耳其的迈达赫是公共场所的说书艺术；萨丁岛的牧歌是多声部民歌传统，有极高的声乐艺术传统。总之，口头传统可以从不同的角度得到界定，它可能跟舞蹈、绘画、音乐等形式相伴而生，也可能是相对独立和纯粹的存在。可以说，口头传统本身既是一个信息交流过程，一种信息交流技术，但是也可能同时与许多其他的艺术结合成为非常复杂的复合形态的艺术。

口头传统说的是人类说话的技术和艺术。口头传统有广义和狭义两种定义，广义的口头传统是指人类用声音交流的一切形式，狭义的口头传统特指在传统社会的语言艺术，像歌谣、故事、史诗、叙事诗等。说到口头传统的研究，我们可以关注一个研究中心，就是美国密苏里大学的口头传统研究中心，英文叫Center for Studies in Oral Tradition，它的领军人物是约翰·迈尔斯·弗里（John Miles Foley）。他在口头传统的研究开始勃兴时创立了口头传统研究中心，创办了《口头传统》刊物，推动了口头传统研究的发展。其实此前也有关于口头传统的研究，美国学者朱姆沃尔特撰文说，口头传统的兴起可以追溯到18世纪和19世纪的"大理论"时期，像浪漫主义的民族主义思潮，像赫尔德、格林兄弟等人物，还有"文化进化理论""太阳神话学说"等，都分别处理过口头传统材料，只不过他们有的把口头传统看作民族档案馆，有的把它看作民族精神的集中体现，或看作文化的遗留物，乃至看作远古的回声，是人类的语言疾病破坏了对它的理解等。再往后，"AT分类法"、芬兰的历史地理学派、美国以博阿斯为代表的地域—年代假说以及其他学者的研究，实际上都在处理民间口头传统，只不过他们是从各自的学术和理论的立场出发而已。这些研究本身是意味深长的，并且为今天的口头传统研究奠定了一个非常深厚的基础。

　　进入20世纪，研究口头传统的几位大家有米尔曼·帕里、阿尔伯特·洛德和约翰·迈尔斯·弗里等。帕里和洛德，特别是帕里，本身是古典学者，有很深湛的语文学训练，很年轻就是哈佛的教授，可惜很年轻就去世了。但是他留下的思想遗产，到今天都堪称伟大。他在南斯拉夫做了大量的田野调查，进而从田野中总结出了一整套如何去理解口头诗歌的法则。洛德又把这些思想体系化并往前推了一步。洛德的贡献一个是引入了大量其他材料，另一个是完成了理论体系的建设。今天我们叫作"口头程式理论"的学说，就是他们师徒二人联名完成的，也叫"帕里—洛德理论"。简单点儿说，口头程式理论发明了一些结构性的单元，比如程式、典型场景和故事范型，并用这些单元来理解口头诗歌的构造法则，解释为什么一个不能借助文字帮助记忆的文盲歌手，能够在现场流畅地唱诵成千上万的诗行，而且能产生如此伟大的作品。早期的伟大作品像《伊利亚特》和《奥德赛》，中世纪的伟大作品像《罗兰之歌》《尼贝龙根之歌》等极其优美的长篇大型叙事。帕里之前的民间文学研究，基本上是从文学的、书面艺术的立场运用"阅读规则"去解读这些口头艺术的。口头程式理论通过研究口头传统中的那些精品，让我们意识到语言的艺术即使不经过文字、不借用文字，也能达到如此高的程度和水平。像是荷马史诗所达到的高度，就令人惊叹不已。历史上就荷马是文盲还是文人长期存在分歧，形成所谓"荷马多人说"和"荷马一人说"的问题，是帕里和洛德很好地解决了这个悬疑。随后就印度史诗所形成的讨论，特别是关于《罗摩衍那》和《摩诃婆罗多》，更加印证了这一点。就是口传的社会也能够孕育出大型的叙事传统。口头程式理论还提示我们，诉诸听觉和诉诸视觉的艺术，其规则也是不同的，这不单是接收器官的转移，实际上规则转移了。再后来，美国学者沃尔特·翁的著作，更为深入细致地讨论了口头性和书面性的问题，形成许多颇有创见的思想。

弗里也同样有非常好的语文学和古典学修养，博士后跟的是洛德。可以说他们之间也是一脉相承的。他的口头传统研究也广泛使用古希腊、古英语、南斯拉夫等传统中的材料。他率先提出了"内在性艺术"（Immanent Art）的概念，把口头传统作为一个生命整体来把握，进而提出以传统为本、以歌手为本等主张，并基于对传统的深入研究，提出"大词"（larger word）这个术语，用来从歌手的立场和歌手的尺度概括口头表述中广泛存在的固定的表达单元。近年他又进一步把口头传统和因特网技术做了类比研究，形成了一些极为有趣的思想。

口头传统是交流方式，是信息技术。所以口头传统研究，有时跟心理学，乃至跟大脑和思维活动的研究也发生这样或那样的关联。在民间文艺学中，口头传统主要是指民间的语词艺术表达的形式，不过在许多情形中，口头传统还是表演艺术，并且往往与某个民族的民族认同发生联系。大型的民间叙事或民族叙事，像芬兰的《卡勒瓦拉》，就是芬兰民族情感的载体和知识的宝库。另外，口头传统往往又是地方性知识的传授渠道。前几天我访问日本千叶大学，听到一个来自中国新疆的蒙古族女孩做报告，主题就是讲地方植物知识的。关于这些植物的实用和药用价值，如何通过口耳相传的方式代代传承，很有意思。这样的例子很多，生产生活知识的谱系包括无数细节，都是由口头传统来完成记忆和传承的。如果因此说口头传统在人类早期文明演进过程中发挥了很大的作用，应当是符合实际情况的。

口头传统和文化空间也有很切近的关系。口头传统是高度依赖语境的，这个语境既指特定事件的演述场域，也指人们浸淫其间的那个大文化背景。我们生活在传统中，大的语境是环绕我们一生历程的背景。

二、口头传统与文字传统及其他

距今几千年前，人类发明了文字。文字最初出现时的功用，往往不是为了记录民间口头艺术。在许多文明中，文字的最初作用主要是实用。债务、契约、数字等都是文字最初主要记录的对象。以今天所见，许多文字体系，有复杂的演进脉络和分化历程，可以看出文明传播的力量，也有一些自源性的文字，我国的彝族文字和纳西族的东巴文都是自源性的。文字与语言是什么关系呢？弗里制作了一个图表，用以说明文字与口传的关系。他做了个很生动的比喻，说假如人类会说话的历史是一年的话，我们到12月中旬才有文字，而口头传统则始终伴随人类的脚步。这个图表告诉我们，在人类文明的进化过程中，口头传统的作用非常大，不可替代——知识的传承、体系化和系统化，人文内涵的培植，社会规则的制定和执行，长期以来都在口头传统里代代相沿。

国际人文学界反思口头传统的作用和意义也是对既往知识体系和教育体系的某种"纠偏"。20世纪最后20年间，一些杰出的社会科学家特别是民俗学等相关学科的专家，深刻地影响了联合国教科文组织，导致对非物质文化遗产的重视和相应保护举措的出台。当然其间也有波折，仅是今天所广泛采用的"非物质文化遗产"（Intangible Cultural Heritage）这个术语的定型，就颇经变动，可以看出从理念到范围都经过多番思想交锋。这也好理解，人类不同的文化是基于不同的自然环境而发展出来的，形成了特定的知识体系，体现在语言等诸多方面。说明关于事物的观念是跟着现实世界走的，文化受自然环境制约，自然会形成今天无比多样的现象。回到那些最丰富的传统本身去看的话，许多东西是很难用三言两语说清楚的。像威廉·巴斯科姆就反复讲过分类在民间文学中至关重要但难以解决。在不同的文化传统中，对民间叙事的分类呈现彼此不同的现象。地方性文化和地方性知识体系，与学术界的分析性概念以及民间文艺学的理论体系之间是有张力的，这个张力恰恰是民间文艺学能从中生发鲜活理论的地方。

随着讨论的深入，我们还可以看看更早一点的学术争议。20世纪60年代伊始，关于口头传承与书面文化就起了争执的波澜：1960年洛德《故事的歌手》问世，1961年到1962年这一年多时间里，结构人类学家列维-斯特劳斯，传播学家麦克卢汉，古典学家哈夫洛克，学者杰克·古迪等人，不约而同地展开了对"书写文化"的讨论。其核心观点是对立的：认为书写对人类心智的发展起到巨大的推动作用，从口传到书写，是"飞跃"的学说，史称"大分野"理论。认为从口传到书写，心智的发展是"渐进"的说法，史称"连续论"。以《故事的歌手》为先声，"大分野"讨论后来持续了多年，又出来了"新书写论"。

沃尔特·翁的名作 *Orality and Literacy*（何道宽汉译本作《口语文化与书面文化》）讨论人类在使用文字之前和之后到底有哪些差别，这个问题对于理解人类文明意义巨大。这本书充满趣味，非常好读，里边有大量事例，鲜活生动，例如作者比照了历史上不同时期版本的《圣经》，分析文人观念和书面化法则是如何影响到《圣经》的文字等。说到这里顺便提一句，中国是个书写历史十分悠久的国家，汉语的语法和书写形式虽然经过某些变化，但今天的人们稍加训练，还是能够读两三千年前的文献，这样的文明在世界上也是很少见的。所以可以说，汉语历史本身就提供了一个特殊的条件，令从事口头性和书面性的研究具有某些其他文化传统所难以比拟的优势。令人遗憾的是，中国文学研究界长期没有关注这类问题，其实这里可以生发出最前沿的、很有分量的理论贡献。

随着对口头性的讨论，到了20世纪80年代，就有学者高举"口头诗学"（Oral Poetics）的学术主张，与"民族志诗学"（Ethnopoetics）恰巧形成了有趣的对照。口头诗学所追求的就是用一套得自口头传统的理论和规则来重新审视和解读民间叙事。它与历史久远的从古代发展到今天的"诗学"的差别，是两者的侧重不同：一个是基于阅读的文本，另一个是基于听觉的篇章；一个是处理作为媒介的文字，另一个是处理音声的文档。创编方式不同、介质不同、传播方式不同、接受方式不同，规则和范式自然就不同。以往的民间文艺学研究，往往从书面文化的美学范式出发评骘口头传统，难免方枘圆凿，削足适履。

三、弗里与口头传统研究的晚近趋势

弗里个人的学术路径，就是一个从古典学和文学（包括语文学）发展到口头诗学，进而深入因特网和人类思维关系研究的过程。弗里首先是一个训练很扎实的古典学学者，精通十几种语言，在研究中广泛引用不同文化的材料。在他经常引用的材料中，古希腊和古英语材料占据重要篇幅，当代南斯拉夫的材料也有系统掌握和大量运用。他的研究从古希腊时期一直延伸到20世纪，从广泛的彼此极为不同的口头传统中抽绎和总结规律。他的若干著作很有特点，由三、四章组成，初看上去每章平行地讨论一些问题，首尾通读下来，却豁然开朗——原来他围绕一组问题，层层剥茧，使结论极为令人信服。他创用的一些术语在学界已经不胫而走："大词""演述场域""传统指涉性""内在性艺术"等，特别是他与劳里·航柯一道肯定和界定"以传统为导向"的文本，都在显示他的学术活力和创造性。到20世纪90年代后期，他又开始关注因特网技术，而且因特网的共享特点符合他关于学术民主的理念，他率先把《口头传统》刊物转型为一个纯粹的免费订阅的电子刊物，当然刊物的审定和编辑，依然一丝不苟，发稿标准还是严格按照学术规范。

随后，他开始了对因特网技术和口头传统的比较研究。他是于2012年5月去世的。同年8月，美国伊利诺伊大学出版社出版了他的遗作，叫《口头传统和因特网：人类思维通道》(*Oral Tradition and the Internet: Pathways of the Mind*)。挂一漏万地说，弗里的核心理念是，口头传统的信息形成和传播，与因特网技术极为相似，都具有随机组合、随意浏览、随时互动的特点。国际上赫尔辛基的文学档案库、密苏里大学的口头传统网站建设与北京的少数民族音影图文档案库的发展理念，都受惠于他的某些思想。如果将来我们能很好地利用因特网的即时互动性和多媒体呈现优势，推动资料学建设，乃至通过多媒体技术从事学术研究和阐释，将来我们的学术性表述，或许会有另外的形式。我们的阅读，或许会是这个样子：要读一段《江格尔》，不是去图书馆借一本印刷物，而是打开多媒体文件，直接聆听和观看史诗吟诵的场景，不仅可跟随情节进入故事，而且能够看到现场熊熊的篝火，看到满眼泪水的歌手，看到沉醉于演述中的听众男女。民间口头传统原本就是这个样子，不是誊写到纸张上的那些书写符号。苍凉的嗓音，或激越或低沉的乐器声，火光明灭的蒙古包，缓缓发展着的故事线索，栩栩如生的人物，这才是口头传统的存在样貌。

如果让我展望，我就觉得新媒体技术所能够做的实在是太多了。我们的研究将从中获得无穷的恩惠。我就讲这些，谢谢。

（原载《民族艺术》2013年第6期）

国外"口头传统"研究和教学实践

口头传统的研究，作为一个特定的学术方向，在20世纪60年代形成了一个高潮。其余波和影响不仅在今天的国际学术格局中仍清晰可见，而且连联合国教科文组织的有关文件里都有它的直接贡献。

不久前，美国学者罗斯玛丽·列维·朱姆沃尔特写过一篇名为《口头传承研究方法纵谈》的文章（Rosemary Levy Zumwalt, "A Historical Glossary of Critical Approaches"），纵向地梳理了口头传统研究的学术史和关捩。当今国际口头传统研究的领军人物约翰·迈尔斯·弗里（John Miles Foley）在给这篇文章的中文翻译所作的题注中说"这篇文章是对西方的口头传统研究历史所作的最出色的述评之一"[①]。

众所周知，所谓"口头传统"（oral tradition，也有译作"口头传承"的）包含两个意思，一个是指人类的一切口头信息传递形式，另一个是指主要在无文字社会中传承的语言艺术（verbal art）。

朱姆沃尔特说：在18、19世纪，当时的学者们开辟了口头传承起源问题的研究，因而他们可以算作口头传统研究的直系前辈。德国的赫尔德（Johann Gottfried Herder）和格林兄弟（Jacob Grimm, Wilhem Grimm），

---

① ［美］罗斯玛丽·列维·朱姆沃尔特：《口头传承研究方法纵谈》，尹虎彬译，《民族文学研究》2000年S1期。

芬兰的伦洛特（Elias Lönnrot），挪威的阿斯比约森（P. C. Asbjomsen）和乔根·莫尔（Jorgen More）是这些前辈学者的代表。他们所讨论的中心议题是，口头传统究竟起源于何时何地。这种关于起源问题的解答过程，是基于一个关于社会发展阶段的假设，即人类历史发展进程经历了从原始到野蛮再到文明的过程。

此后，以"AT分类法"闻名于世的芬兰人安蒂·阿尔奈（Antti Aarne）和美国人斯蒂思·汤普森（Stith Thompson）是20世纪芬兰的"历史—地理学派"的倡导者。就其出身和工作方法而言，他们是民俗学者。与他们相似的，还有推崇"地域—年代假说"方法的人类学者弗朗茨·博阿斯（Franz Boas）。他们共同开启了被人们称作"机械的"方法论。他们都认定，一个故事从中心点向四周的流布，就像石块抛入水中会漾起不断扩大的波纹一样。一个故事的扩散越广阔，说明它越古老。而故事的原始形态可能就在它的传播中心。

"文化的方法论"，被认为是校正"机械的"方法的有效手段。其核心论题是口头传统作为材料系统，其中熔铸了文化的意义，并服务于社会成员的需要。该方法集中探讨的是所谓原初形态的文化（precontact culture）。博阿斯和他的学生鲁斯·本尼迪克特（Ruth Benedict）是该学派的推动者。科拉·杜波依斯（Cora DuBois）和阿布拉姆·卡迪纳尔（Abram Kardiner）的口头传统是文化的手段，它反映了文化的模式化过程的说法，以及布罗尼斯拉夫·卡斯珀·马林诺夫斯基（Bronislaw Kaspar Malinowski）的功能主义论见，以上诸见都是这个方向的进一步推进。

文本模式的研究，作为一个在方法论承续上与文学研究关系紧密的方向，有比较多的成果也是自然。延续着北欧民俗学和民间文艺学的强势传统，阿克塞尔·奥尔里克（Axel Olrik）开始着手总结适用于所有样式的"法则"。他的"史诗的法则"有长久的影响。弗拉基米尔·雅可夫列维奇·普罗普（Vladimir Yakovlevich Propp）及其形态学理论将文本模式化的方法，又一次引入民间故事的内部结构中。在20世纪中生命力长久不衰的,还有"帕里—洛德理论"(又叫作"口头程式理论",Parry-Lord Theory or Oral Formulaic Theory),聚焦文本解析,影响却远远超出了口头诗学领域,并在全球约 200 种语言的传统中得到运用。该学派的当今旗手约翰·迈尔斯·弗里(John Miles Foley)更是大力倡导跨传统的比较和对既往文明遗产"典律"(Canon)的考问。近年来国内对该学派有较多详介,此处不拟赘述。

构成上面所述各学派的相邻学派的,还有结构主义、象征主义和解释学的理论,有精神分析法、有民族志诗学理论、有演述理论和女权主义理论以及关于"真确性"的探讨,等等。

从 20 世纪 60 年代开始,"书写论"(Literacy Thesis)应运而生。围绕"口承—书写"问题,各学科学者纷纷加入进来,形成一场迁延日久的大辩论,其核心话题则直指人类心智的考辨。沃尔特·翁(Walter J. Ong)认为,形式逻辑是古希腊文化在将字母书写技术内在化(interiorizing)之后做出的发明。他总结说,基于口传的思维和表述特点,可以大略地概括为九种:1.添加的而不是附属的;2.聚合的而不是分析的;3.冗余或"冗赘"的;4.保守或传统的;5.贴近人生世界的;6.带有对抗色彩的;7.移情的和参与式的,而不是与认识对象疏离的;8.衡稳状态的;9.情景式的而不是抽象的①。在论述第九点特性的时候,翁特别频繁地引证了苏联心理学家卢利亚(A.R.Luria)的报告。口传文化多在情境化和操作化的指涉构架中使用概念。说它们的抽象程度最低,是说它们更靠近人类生活现实的世界。例如当考验文盲的逻辑三段论时,问题是这样设定的:北方远处遍地是雪,所有的熊都是白色的。诺瓦亚·金布拉(地名)处在遥远的北方,那里遍地是雪,那里的熊是什么颜色?回答很是精彩:"我不知道。我见过一只黑熊。从没见过别的颜色的……每个地方都有本地的动物。"当调查者想要文盲对具体的物体进行定义

---

① [美]沃尔特·翁:《口语文化与书面文化:语词的技术化》,何道宽译,北京大学出版社 2008 年版,第 27—43 页。

时，他也遭遇到阻力。问题是："试着给我解释树是什么？"一名22岁文盲的反应是："我何必解释？人人都知道树是什么。没人要我告诉他们这个。"确实，当实际生活场景比任何定义的解释都清楚得多的时候，人们何必去定义？我们需要警惕的是，这类实验并不是简单地支持下面这个说法：少许识字的人和文盲的思维过程有很大的差别。我们需要明了，这种差别是规则的不同，而不是智力高下的结果。要说口传文化中的人不知道事物间存在的因果关系，那是荒谬的。"口传文化确实有能对思想和经验进行异乎寻常的复杂、智慧和美妙的组织。"

口头传统的研究和教学，在美国近年来获得了长足的发展。这里举出两个标志性的事件：一个是学刊《口头传统》的创立（1986）；另一个是《口头传统教程》的编纂（1998）。前者的编委会聚集了国际著名的民俗学、人类学、古典学、文艺学和其他学科的学者。自创刊以来，它已经当之无愧地成为国际口头传统研究的旗舰。《口头传统教程》则计划给学院的学子们提供一个能够快捷地了解口头传统的教材。在这部厚达540页的"教程"中，令我们特别感兴趣的，首先是分类排列的精彩文章，其次是一些统计数据。根据收入其中的刘易斯和彼得森（Lynn Lewis, Lori Peterson）在1995年所进行的问卷调查（他们总共收到75份反馈），在全美大学中讲授与口头传统相关课程的，涉及许多科系和专业，如英语、外语、民俗学、人类学、宗教学、历史学等。其中，下述几个方向的课程应予以关注：口头与书写文化的理论、一般民俗学理论、民俗与文学关系、非洲口头传统、美洲口头传统、圣经研究、英语传统、古典学、言语和故事讲述、妇女研究等。可见，口头传统作为一个重要的和晚近出现的学术方向，得到了人文学界诸多领域的广泛重视和积极响应。

从笔者亲身参与的美国教学实践来看，口头传统的相关课程，有的是为低年级学生设置的，目的在于为他们提供某种理解知识传播和信息技术中前沿话题的新视角；有的则是为研究生开设的专题课程，在特定的方向上有深入的讨论。

中国是个有着悠久文献传统的国度，汉字书写传统的发达和社会上对文字的崇敬和依赖心态（文字的书写技术已经被我们高度艺术化，产生了专门的书法艺术门类），为我们开辟口头传统研究预设了某种障碍。不过从另一方面讲，中国的"下层文化"遗存和大量活形态少数民族口头传统，又为开展此类研究提供了极为优越的条件。希望不久后能看到口头传统的教学和研究也堂而皇之地出现在中国大学的讲堂里。

附：口头传统研究简表①

方法论分类	具体方法和理论	关于口头传承（传统）的观点	代表人物
18—19世纪起源研究的"大理论"	浪漫主义的民族主义；文化进化学说；太阳神话	一个民族民间精神的表述；原始或野蛮时代的遗留物；自原始神话诗歌时代以来的语言疾病	赫尔德；泰勒；缪勒
20世纪"机械论"的起源研究	芬兰历史—地理学方法；地域—年代假说	书面文本按地理分布采集资料；口头文本的资料采集地理分析	阿尔奈、汤普森；鲍亚士（博阿斯）
文本模式	史诗法则；口头程式理论；形态学方法	从文本法则中产生的口头传统；作为记忆手段和传统参照的文本形式；关注口头传承样式的内部结构	奥尔里克；帕里、洛德、弗里；普罗普
结构主义和解释学方法	结构主义方法；象征—解释学方法；结构主义—解释学方法	作为深层结构体现的口头传承；作为自我写照的口头传承；口头传承作为深层结构和个人表演	列维-斯特劳斯；格尔茨；费尔德

---

① 此表引自《口头传承研究方法纵谈》，尹虎彬译，《民族文学研究》2000年增刊。个别人名和术语有改动。

（续表）

方法论分类	具体方法和理论	关于口头传承（传统）的观点	代表人物
精神分析学说	精神分析方法	作为心理投射的口头传承	邓迪斯
民族志诗学	民族志诗学	翻译口头传承以呈现诗学的和戏剧的特色	特德洛克、海默斯
表演	表演理论	作为创作过程的口头传承	鲍曼、纳拉扬
女权主义	女权主义理论	作为权力和性的社会存在的口头传承	霍利斯、米尔斯、伯欣、谢辽莫维奇、扬
真确性	真确性	审视对于口头传承所做的种种理论假设	本迪克斯、汉德勒、林那金

（原载乔晓光主编《交流与协作：中国高等院校首届非物质文化遗产教育教学研讨会文集》，西苑出版社2003年版）

口头／无形／非物质遗产漫议

书写技术其实是我们的一宗相当晚近的发明。即便是我们终于有了文字可用，也因为掌握文字需要专门的训练，文字的使用长期以来都是一小部分人的专利。他们享有特权，受到崇拜。当人们说谁是所谓"有教养的""文明的"人士时，那一定是指一位受过教育的、能读会写的可敬人士。这种对书写的崇拜和敬仰在全世界到处都可以看到。游牧文化不善于保存各类遗产，那些性情豪放、终生游荡的蒙古牧民，却也要把有文字的纸郑重存放在类似"纸冢"的地方——他们相信一旦有了文字，纸头就变得神圣了！商青铜器上的铭文，更是权威与文字相结合的最好例子。其实说穿了，口头传统和书写传统都属于人类信息交流技术，都可以作为信息传通问题，进行关于各自的规则和特性的研究。只是口头传统的研究，相对于其悠久的历史和广泛的运用来说，就显得尤其不足。广义的口头传统指口头交流的一切形式，狭义的口头传统特指传统社会的沟通模式和口头艺术（verbal art）。

最初的口头传统研究，却是从狭义的口头传统入手的。1960年，被尊为口头程式理论"圣经"的《故事的歌手》在哈佛大学出版。随后，我们便见到多种著述不谋而合地在几个欧美国家问世，围绕"口承—书写"问题，展开了论辩。唇枪舌剑之间尤以"大分野"——在口头传统与书写传统之间是否存在人类认知与现代心智的鸿沟为焦点。结构主义人类学家列维-斯特劳斯（Claude Levi-Strauss）、传播学家马歇尔·麦克卢汉（Marshall McLuhan）、社会人类学家杰克·古迪（Jack Goody），以及古典学者埃里克·哈夫洛克都参与到这场论辩中来，并引发了多个学科的热烈反应和踊跃参与。"书写论"派认为，逻辑思维（演绎推理、形式运算、高次心理过程）的发展取决于书写。而他们的对立面"连续论"学派的持论则针锋相对，认为口承与书写在本质上都负载着相似的功能，它们在心理学上的差异不应过分强调，二者的载体确有物质上的区别，从而在一定程度上形成了两极间的谱系关系。与此相呼应的，就有学者出来呼吁，说人们长久以来过于关注与书写相关联的精英文化产品，而轻视民间口承文化传统。这种偏向会造成人类不可挽回的损失。联合国教育、科学及文化组织（以下简称"教科文组织"）倾听了这些意见［据笔者所知，芬兰民俗学家劳里·航柯（Lauri Honko）的作用不小］，就形成了若干文书，如《保护民间创作建议案》（1989）[①]。其中指出，"民间创作（或传统民间文化）是指来自某一文化社区的全部创作，这些创作以传统为依据、由某一群体或一些个体所表达并被认为是符合社区期望的作为其文化和社会特性的表达形式；准则和价值通过模仿或其他方式口头相传。它的形式包括语言、文学、音乐、舞蹈、游戏、神话、礼仪、习惯、手工艺、建筑术及其他艺术"。1997—1998年教科文组织启动"宣布'人类口头和非物质遗产代表作'计划"（1997）。"代表作"要求是能够体现人类天才创造性和文化多样性的有代表性的非物质遗产，或是从历史、艺术、民族学、社会学、人类学、语言学或文学角度具有突出价值并广为流传的传统文化表现形式。2001年5月，中国申报的"昆曲"被教科文组织宣布为"人类口头和非物质遗产代表作"。国内传媒一时谈论"口头和非物质遗产"成风，各地纷纷掀起了如火如荼的"申遗热"。

---

① 该《建议案》的英文原题是 *Recommendation on the Safeguarding of Traditional Culture and Folklore*，直译应为《保护传统文化和民俗建议案》。

在教科文组织的文书中将这类遗产限定为 oral, non-material, intangible，分别对应中文"口头的"，"非物质的"和"无形的"。从该组织给出的界定看，这些界定在内涵上既有相通处，又各有侧重面。非物质文化不必一定是彻头彻尾的口头传统，但形态特异如非洲"鼓语"，在传承和实践过程中，大抵也没有完全脱离口头表述。总之，"口头传统"（oral tradition）一直是整个非物质文化遗产保护工作中最重要的环节。

虽然真正意识到口头传统的重要性和特异规则还是晚近的事情，但是对口头传统有所认识和评述，在西方人文学术领域，也可谓传统绵长。且由于口头传统在很大程度上是以传统社会为研究对象的民俗学和人类学的课题，所以既往的成果较多地集中在这些领域。简单地说，口头传统在三个层面上显现出它的内涵：第一，它是文化的反映和文化的创造；第二，它反映了文化内容和文化期待；第三，满足文化需求。作为一个内涵丰富的、跨学科的方向，"口头传统"的兴起可以追溯到18、19世纪的"大理论"（grand theories）时期。"浪漫主义的民族主义""文化进化理论""太阳神话学说"等理论，分别把口头传统看作一个民族的"档案馆"，是民族精神的集中体现；或者看作"文化遗留物"，再现了人类的"原始知识"；乃至看作"远古的回声"，直到"语言疾病"破坏了我们对它的理解云云。约翰·戈特弗里德·赫尔德（Johann Gottfried Herder）、爱德华·伯内特·泰勒（Edward Burnett Tylor）、安德鲁·兰（Andrew Lang）和马克思·缪勒（Max Müller）分别是这些学说的领军人物。以安蒂·阿尔奈（Antti Aarne）、斯蒂思·汤普森（Stith Thompson）为代表的"历史—地理学派"，和以弗朗茨·博阿斯（Franz Boas）为代表的"地域—年代假说"则开创了"机械论"的口头传统起源研究。前者的研究方向，一言以蔽之，就是对书面文本地理分布的采集分析，后者则是口头文本的地理分布分析。说起来，这个"大理论"时期的学术取态倒是与孔子的"礼失求诸野"有异曲同工之妙。

让"口头传统"具备学科体系特征，是20世纪学者们的贡献。哈佛大学英年早逝的天才古典学学者米尔曼·帕里（Milman Parry, 1902—

1935），通过研究荷马史诗，率先提出荷马史诗必定是"传统的"，进而必定是"口头的"这一论断。这个说法曾令古典学学者们痛心疾首：他们心目中伟大的诗人荷马，怎么会是个"粗鄙的文盲"？随后，他的学生和追随者阿尔伯特·洛德（Albert B. Lord，1912—1991）将老师所开创的学术方向进行了系统化和体系化的工作，成就了以他们两人姓氏命名的"帕里—洛德理论"，又叫作"口头程式理论"（Oral Formulaic Theory）[①]。洛德不仅引入了比较诗学的概念，完成了在不同口头传统之间进行平行类比的研究，还着手建立了口头诗歌的研究范式。

公允地讲，口头程式理论确实是"20 世纪里发展起来的少数民俗学理论之一"[阿兰·邓迪斯（Alan Dundes）语]。它研究口头传统的方法，对相邻学科的启迪作用是巨大的。虽然它擅长的还不是口头演述本身，而是演述中唱词的文本阐释，这个听起来多少有点讽刺，但正是在这个地方，泄露出了其早期开创者帕里和洛德的学术背景：古典学、语文学和文学。现在回过头来读他们对荷马史诗、对南斯拉夫英雄歌的精妙解析，依然是很大的享受。19 世纪德国语文学的成就，在他们手中被发扬到这样高的程度，以致后来的学者很长时间都不愿意在这块领地上耕作。

此后的学术发展，就呈现出了欣欣向荣的景象。我们看到，在口头程式理论的引领作用下，1970 年，刊物《黄金时代：民族志诗学》（*Alcheringa: Ethnopoetics*）面世，标志着"民族志诗学"的兴起。其代表人物为丹尼斯·特德洛克（Dennis Tedlock）和戴尔·海默斯（Dell Hymes）。该学派的宗旨是检讨世界范围内文化传统中尤其是无文字社会文化传统中的诗学。在 1986 年，民俗学家理查德·鲍曼（Richard Bauman）出版了他的"表演理论"（Performance Theory，台湾人类学家李亦园译为"展演理论"）的代表作《故事、表演和事件：口头叙事的语境研究》（*Story, Performance, and Event: Contextual Studies of Oral*

---

① 关于此学派的"博学而生动的教程"，可参见约翰·迈尔斯·弗里（John Miles Foley）《口头诗学：帕里—洛德理论》，朝戈金译，社会科学文献出版社 2000 年版。

Narrative ），叙事中语境的构成要素和作用，成为鲍曼着重探讨的话题。在他看来，表演是一种语言使用模式，一种说话的方式，它支配着作为口头传承的语言艺术。在口头性研究上，有两个重要人物应予提及：沃尔特·翁（Walter J.Ong）和鲁斯·芬尼根（Ruth Finnegan）。他们两位在口头性方面的研究，连各自代表作的名字都是互相映衬的：翁的书叫《口头性与书写性：语词的技术化》（*Orality and Literacy*：*The Technologizing of the Word*），芬尼根的书叫作《书写性与口头性：传通技术研究》（*Literacy and Orality*：*Studies in the Technology of Communication*）。作为人类学家，芬尼根的研究结论更多地来自对非洲口头传统的分析和总结；而翁的探究，看上去更像是文艺哲学的思索。他关于"基于口语思维的表述"的条分缕析，特别是其间对文盲概念世界的探索，有许多生动的问答，精彩异常。

"口头传统"的研究，究其实质，不仅是特定信息传播方式的研究，而且是知识哲学的思考。晚近在历史学界有了"口述史"学派，在文艺学领域出现了"口头诗学"新枝，都是传统学术定制的突破。譬如，我们一向是用总结自书面文学的美学规则来解析口头文学遗产，但是我们没有注意到，按照阅读规则总结出来的美学原则，并不总是适合那些为了"听"而创作出来的作品。这里绝不简单是个接受器官的转移，它连带着产生了规则的转移。我们有时意识到书面语和口语之间有某些差别，却未深究其间的缘由。口头传统的即时性、互动性和高度依赖语境的性质，就决定了它的审美属性与某些"听觉"效果有内在联系。就说程式化表达——套语，对于阅读而言往往不忍卒读，但对于聆听，就不仅不是问题，还往往造成某种特殊的审美效果。至于对人类文化遗产和学术"典律"（canon）的质疑——究竟谁有权来决定我们应该重视和保存哪些知识和遗产——无疑会引起对人类文化的更为广泛和深刻的反思。

（原载《读书》2003年第10期）

口头传统在文明互鉴中的作用

2019年5月15日在北京举行的"亚洲文明对话大会"盛况空前。来自亚洲47个国家和五大洲的各方嘉宾共聚一堂,就亚洲文明的诸多议题,展开了富有成效的对话。笔者参加了"亚洲文明互鉴与人类命运共同体构建"分论坛,并就"口头传统在文明互鉴中的作用"做了发言。那么,为什么要提高对口头传统重要性的认识呢?这是因为口头传统是人类"古老常新"的信息技术,是人类"表达文化的根"。人们大都认可这样的说法:人类的信息技术发端于口头传统,后来发展出书写技术、印刷技术和互联网技术。每一轮新技术的出现,都会带来信息交流的性质和特点的巨大变化。不过,与其他技术的新旧更替往往是以新代旧不同,信息技术的发展往往是层累的,即便新技术已经获得广泛采用,旧技术仍然存在,并在新环境中获得新的发展。比如,人类说话的历史就是如此:书写从来没有取代语言,印刷从来没有取代语言和书写,互联网也同样没有取代语言、书写和印刷。在互联网的时代,口头语言不仅没有被抑制,还获得了新的发展。按照美国学者沃尔特·翁的说法,人类发明文字书写之前的时代是"原生的口语文化"时代;而到了互联网的时代,我们进入了"次生的口语文化"时代。信息交流还是遵循着口头传统的基本交流规则,只不过不再是面对面交流,而是在网络平台上交流而已。

与人类漫长的口头传统发展史比较，书写技术、印刷技术及互联网技术的历史就要短暂得多，而且有急剧加速的趋势：说话的历史有十几万年，书写的历史有几千年，古腾堡的活字印刷只有几百年（中国的活字印刷术要稍早一点），互联网的运用只有短短几十年。语言的数量极为庞大，其中只有一小部分语言发展出了文字。语言的符号系统是诉诸听觉的，文字的符号系统是诉诸视觉的，视觉符号只是覆盖了听觉符号系统的一小部分。印刷技术是基于视觉符号的，故而它所记载和传递的信息只占文字信息的一小部分。用数字来说，根据联合国教科文组织的统计，现今地球上通行的语言约有7000种，文字的数量则少得多。中国的情况也与此相似。中国社会科学院民族学与人类学研究所发布于2009年的调研统计结果表明，目前中国56个民族正在使用的语言，包括濒危语言和新发现的语言，共有134种。国家民委网站公布的统计数字表明，中国55个少数民族中，53个民族有自己的语言，使用人口6000多万人；22个民族使用着28种文字，使用人口3000多万人。但今天在中国广泛通行和使用的文字只有10种上下，包括汉文在内。所以，我们可以这样认为：语言是人类最重要和最广泛使用的交际工具，过去如此，今天仍然如此。不过，人类记录声音的技术只有100多年历史。以往由于技术的限制，人们无法有效地将声音记录下来。于是，历史上产生的海量有价值的信息今天已无从知晓。留存至今的口头信息，有两种情况，一种是借助文字记录得以留存，如《诗经》，尤其是其中的"十五国风"，又如《圣经》，特别是"旧约全书"；另一种则是保存在口头传统中，口耳相传延绵至今，如我国少数民族的"三大史诗"，又如印度的史诗《摩诃婆罗多》，传唱千年乃至数千年，成为文明赓续的丰碑。我们今天谈论历史上的口头传统，主要是通过上述两种渠道获得相关材料的。随着技术的进步，当代的口头传统研究则是直接采录自活态的口述活动。民俗学、民间文艺学、文化人类学以及历史学中的口述史分支，大都依靠现场采集的口述资料进行研究。

　　录音机发明之前，没有办法大量准确记录听觉符号，这就让口头传统在信息存储和跨越时空传播方面处于不利地位。文字虽然是语言的派生物,是第二性的,但却具有能可靠存储和跨时空传播的巨大优势。随着文字信息编码的规则更趋严密,其信息的准确性也逐渐提高。于是,在人类的知识体系中,通过文字记录下来的信息,具有被广泛推崇的"真实性"和"权威性",这就在相当程度上挤压了口头传统的空间。人类的信息技术一旦从耳治发展到目治,并且两者并行发展后,目治符号的地位就不断提高,加上人们掌握语言的能力是伴随着成长自然完成的,不像文字的学习要经过长期专门的训练,就造成了语言能力和文字能力的落差,形成仰视文字能力的社会文化心理。社会各界尤其是知识界,推波助澜地强化了对口传文化的忽视和对书写文化的尊崇。今天,我们都认可文字的发明和使用是人类历史上最伟大的创造之一,都认可文字在保存信息、跨越时间和空间传递信息方面的巨大优势,也都认可文字在发展人类心智方面的重大作用,但仍然认为,过分夸大文字的功效会部分遮蔽人们完整理解文化和文明的眼光。不用举出高深的例子,在不少文化中,说一个人"有文化"往往是指识字能力。英文中的 literate 一词,基本义项为 able to read and write,即"有读写能力的",引申为"有文化的""识字的""受过教育的",甚或是"学者"或"文人"的代名词。不识字的人往往被简单地视为"没文化"的人。这显然是一种偏见。这些所谓"无读写能力"的人参与了文化的传承吗?答案是肯定的,他们同样是文化的积极传承者。一般而言,每一个民族的每一个成员都参与了文化的传承,"非识文断字"群体承担着民间文化尤其是口头文化的传承。他们都既是民族文化的创造者,也是传承者,与"识文断字"群体同样传承了文化。

诚然,中国是一个有漫长书写历史的国度,历史上形成的各种文献汗牛充栋,这些文献在文化传承中的作用是巨大的。可是有着如此悠久书写传统的国家,拿历朝历代的情况看,不识字的人口一直是占多数的。所以说,中国文化传承到今天,是由极少数识字的人和绝大多数不识字的人共同参与传承的。今天中国的成年人识字率,已经大幅度上升到九成，这是了不起的成绩。70年前成年人的识字率还只有两成上下。历史上识字的人在总数上虽然很少，但借助文字的优长，他们较好地传承了上层文化。广大的老百姓则通过口耳相传的方式传承了民间的文化。当然这只是大致的情况，经常能见到来自上层的人士书写下层文化，身处下层的民众也常常会传播上层文化。一般而言，这两种文化的地位并不对等，上层文化长期以来居于统治地位，对下层文化有很多渗透和很大影响；不过下层文化对上层文化也有很多这样那样的影响。互相影响着的两种文化合在一起才构成完整的社会文化，正如识字的和不识字的群体一同传承了文化一样。随着技术的发展，文明的进步，人群之间的交往和互动愈加频繁，各种文化中往往还同时包含外来文化的因素。文化的面貌就变得越来越复杂了。

在今天的中国，成年人识字率是大幅提高了，在世界上的其他地方，成年人识字率的情况是怎样的呢？根据联合国教科文组织在1998年出版的《世界文化报告》统计，发展中国家的成人识字率总体是70%。以亚洲为中心来观察，阿拉伯国家是57%，南亚和中亚是54%，东亚是83%，东南亚和大洋洲是87%。这个统计告诉我们，书写文化在不少地方都还没有占据绝对的统治地位。今天如此，历史上尤其是如此。根据该报告，在20世纪初，爱尔兰人口中还有大约1/3是功能性文盲。今天，欧洲的教育普及程度是全世界最高的。但翻开他们的历史看看，就知道在很多个世纪中，书写只是一小部分贵族和僧侣的专利，绝大多数的民众是不识字的。

识文断字群体也不是仅凭文字就能应对一切交流的需要。即便在书写文化发达的社会，人们也不是一天到晚都利用书写来彼此交换信息。比如在密集、长时段、制度化传授知识的学校里，老师们总是用口授的方式把书本的知识传递给学生。学生们并不是仅仅通过阅读教科书就能学到知识，而是要老师面对学生口授知识，当然也要用到黑板写写画画，晚近还要用到电脑软件辅助教学。一些新型的教学模式已经出现，如网络公开课。笔者倾向于认为这是一种复合型的新教学模式，是把书本学习、面授互动和网络传播技术（有些具有师生互动功能）结合起来的新模式。在这种新模式中，口传面授的方式也仍然在场。在笔者的专业领域里，现在还出现了用社交媒体授课的新方法。大致的方法是先设定课程名称，组建课程群，上传需要讨论的教学材料，有时还要事先选出或指定引言人，然后在约定的时段集体进群讨论，教师引导话题并在课程结束时做总结。特定的话题或知识点以单线推进或多线程交叉的方式推进。话语往来、即时互动是这种模式的主要特点，与传统的面授式教学所不同的是师生通过网络沟通互动。沃尔特·翁所说的"次生的口语文化"，指的就是这种通过电子网络互动的交流模式。当然这种教学模式还在探索中，未被管理方认定为正式方法，所以多集中在专题选修课上，而且常常用于指导研究生。其好处是可以同时有多位教师参与教学，学员的来源也更为开放多样，包括不是正式注册的学生。

前面提到世界上还有许多种语言尚未发展出文字。在这些无文字的社会中，信息的记忆存储和交流，有时是结绳记事，有时是用响器（如非洲的鼓语），有时是用图像。但这些方式都远不能和口头的方式相比，它们大多是辅助性的，而且掌握它们的过程也离不开口头传统。特定人群的精神信仰，关于自然和社会的知识，族群历史的记忆，艺术的创造等，都在他们的口头传统之中。所以联合国教科文组织在其文件中曾用过一个说法：非洲部落每去世一位老人就等于带走一座图书馆。今天，历史学家们借助对非洲口头传统的深入研究，发展出了口头历史的系统研究方法。神话、传说、口头谱牒等大量的口头文类，被纳入历史学的理解框架内，以重新建构那些无文字社会的历史。13世纪上中叶成书的《蒙古秘史》，也是用文字记录口述史的早期典范和样板。对成吉思汗家族祖上功业的追溯，对成吉思汗本人艰苦卓绝的奋斗历程的褒扬，都是在口耳之间代代传颂的，直到各氏族部落的耆老们在旷日持久的集会期间断断续续讲述后经由文书记录下来，才让我们今天有机会看到口头历史叙事的大概样貌。

《蒙古秘史》和《江格尔》《格斯尔》并称蒙古文学的"三大高峰"。其中《蒙古秘史》是"得自口头"的，"江格尔"和"格斯尔"都是活形态演述的口头史诗，所以在行文中给这两部史诗加上书名号其实并不妥当。蒙古人创用文字已有近千年的历史，文人作家也是"代有才人出"，但文学高峰仍由口头文学占据着，说明口头文学不可轻视。所以，那些认为口头文学是早期的和初级的，书面文学才是晚出的和高级的看法，至少是轻躁的，因为与实际情况并不相符。蒙古文学传统中口头文学影响大大超过书面文学的情况，在不少文学传统中都可以见到，这是因为经由口头演述而形成的文本在重要性上并不落下风，它们凭借其思想的力量成为人类文明的经典，至今具有巨大影响力和生命力，比如《圣经》和《论语》。诚然，许多口头文本能流传至今要拜文字之功，但它们形成于口头传统，传播于口头社会，进而通过书写获得第二生命的历程，仍令人遐想不已。

人类社会发展到今天，总体而言，是语言信息总量大大超过书写，书写大大超过印刷，互联网时代的信息尚难以估量。口头传统的存续极大地依赖于各民族语言的活力。自2000年以来，世界各国每年庆祝国际母语日（2月21日），以促进文化多样性和语言多样性。联合国认为，语言是保存和发展人类物质和非物质遗产最有力的工具。但每两个星期就有一门语言消失，并带走与之关联的整个文化和知识遗产。各种促进母语传播的运动，不仅有助于语言的多样化和多语种教育，而且能够提高对全世界各语言和文化传统的认识，以此在理解、包容和对话的基础上，促成世界人民的团结。就亚洲范围而言，我们知道有不少亚洲国家和民族的生活仍然贴近传统模式，有不少地区依然有言无文，口头传统在承载其历史文化，传递其精神和情感方面，仍然发挥无可替代的作用。在联合国教科文组织《保护非物质文化遗产公约》名录中我们不难发现，亚洲范围内就存在着诸多跨境共享的非物质文化遗产项目，与口头传统密切相关。在大力倡导"文明交流互鉴"的今天，不仅注重书面文化，也注重民间口头文化，这对于推动"一带一路"建设的"民心相通"和建构人类命运共同体的意义是不言而喻的。

（原载《中国民族报》2019年5月24日理论版）

站在民众的立场上

一

我们都知道这样一个比喻性的说法，说文化是人类这个物种的"体外器官"，是人类走出非洲之后（也包括留在非洲的人群）在五大洲差异极大的自然生态和气候环境中，得以适应环境和气候，获得食物和其他生活资料，使得种群繁衍和发展的有力武器。现在，生物遗传学家——特别是基因研究专家——通过研究人类基因的遗传和变异现象告诉我们，人类走出非洲的远征，一条是通过海上之路，最后到达澳大利亚；另一条是从非洲东行，从黎凡特这个直通欧亚大陆的门户，渐次遍布这两块大陆。丝绸之路穿境而过的中亚地区，因而成为人类文明的一个重要驿站。它所具有的特殊地理位置以及与此相关的在人类文化链条上的特殊位置，使得它长期以来就是国际学界重视的热点。顺便说，三大宗教的发源地，也都在这片广大的地区。我们这里将要讨论的"沿丝绸之路的少数民族口头传统现状及其保护"的话题，就是始自汉地、穿越这个人类文明重要地区的东西交通线沿途的文化和文明形态。当然，这些报告所涉猎的，主要是中国境内的以阿尔泰语系民族为主的口头文化传统。即便有这样的限定，我们仍然相信，这些话题的重要性和紧迫性、学术价值和现实意义是不言而喻的。

对文化和文明问题的讨论，其来有自。不过，在今天，这种讨论获得了另外的意义——既是探究原委，梳理文明脉络，了解先祖足迹，也是抢救日渐消亡的遗产。我们知道，是一些主要来自欧洲和北美的人文学者，率先倡导对口头和非物质遗产进行抢救、立档、保护、传承、研究和振兴的。这种认识，渐次影响到联合国教科文组织，并逐步转化为国际社会的某种程度上的共识，进而体现在联合国教科文组织的作为上——近年不断发文和采取各种举措，号召各国政府和非政府组织大力抢救和保护"人类口头和非物质遗产"，促进文化的多元化发展。

在当今语境下，与物质遗产相比，非物质遗产面临更严峻的保护形势。总体而言，从20世纪下半叶开始，全球化趋势迅速增强，其他因素，如文化标准化、地区冲突、旅游业发展、工业化和城镇化、农牧业区缩减、移民和环境恶化等，所有这些大量涌现的现象，都对传统文化构成了严重威胁——许多珍贵的传统民间文化遭到不同程度的破坏，特别是在那些传统文化的秉持者人数较少的地方，在从语言到经济生活方面都处于强势文化冲击下的族群当中，这种情况尤为严重。那些本属于人类共同财富的文化传统，特别是其中的口头遗产，正处于消亡的危境中。

口头文化遗产的消亡，与地球上生物物种的消亡相比，既有相似之处，也有不同之处。相似之处是，一旦真正消亡，都不能再生，如恐龙和猛犸象。不同之处是，濒危的生物物种或许可以依靠少数个体的培养和野化，重新获得一定程度的种群发展。而口头文化遗产是高度依赖语境的，一旦语境丧失，生存条件缺失了，就万难恢复。如20世纪就在我们眼下，许许多多的语言消亡了，而我们束手无策。因此可以说，非物质文化遗产在一定意义上比生物物种还要脆弱，还难于挽救。

二

我们面临的现实困难，不仅是我国历史悠久、民族众多，经济基础还处于比较薄弱的境地，还有我们的文化传统中，我们的国民意识中，对生长自民间的文化，长期以来多持有轻视的态度。纵使有着丰富的口头文化遗产，以往的相关工作却做得很不够。我们面临着如何在发展经济的同时有效保护传统和民间文化的挑战。诚然，我国的口头传统等非物质文化遗产极为丰富，但专门化的学术研究相对滞后。至于数字化与信息化建设，则起步更晚，发展更缓慢。比诸西方国家的举措，更可以看出我们的欠缺。据我们掌握的资料，国外的"口头传统"研究肇始于20世纪三四十年代，迄今已经形成了专门而精深的学术传统。"口头程式理论"以及"民族志诗学"等学派的方法，已经被广泛运用到了多达150种语言传统的跨学科研究中。西方许多国家很早就开始成立专门机构，搜集、保存和研究各种口头样式的文化遗产，如美国国会图书馆与芬兰文学学会已经建成了具有世界影响的口头文学资料库和口头传统档案库，尤其是哈佛大学威德纳图书馆的"帕里口头文学特藏"为我们树立了口头文化搜集、保存、开发、应用和研究的范例。

我国与发达国家在文化研究上有差距，从事民间文化研究的相关经验也有不足之处，但不等于我们一无所长。就拿这个课题组的参与者的情况而言，有不少学者多年来一直以我国各民族口头传统等非物质文化遗产为研究目标，形成了各具特色的学术优势。特别是新疆的学者，具有语言优势和长期的专业知识积累。中国社会科学院民族文学研究所——该项目的承担机构——也把各少数民族的口头文学传统作为其长线发展的方向，并逐步形成了符合国情的技术路线，符合老中青结合原则的学术力量构成，符合晚近国际学术走向的学术视野与开放体系。有了这样的团队以及多方合作的基础，我们就从一开始对承担并合格地完成这个项目充满信心。

具体到新疆地区，这里各个民族的文化不仅源远流长，蕴藉深厚，恢宏灿烂，而且在东西方文化交流的历史长河中传承文明，独树一帜。历史上与丝路文明同兴共荣的各少数民族族群在这里汇聚交融、互动发展，共同缔造了斑斓的多元文化。各民族的口头传统在西域这片古老的土地上生生不息，传承不止，留下了不可磨灭的文化影响，泽及百世后人。在更大的时空中看,这些文化汇聚和吸纳了中原文化和其他周边文化,也反过来对华夏传统和其他周边文化多有烛照之功。

三

本项目的实施过程,也是学者和民众的互动过程,是重新审视和阐释民间文化内在规则和生命情态的过程。

在本书的报告中,民众的日常生活、民众的诗性智慧、民众的情操和理想,得到精细的、感性的描绘,也有深入的理想思考和总结。从中我们能够发现的,远远不止那些"细节"和"事件",或者说叫"民俗事象"本身。这里还传递出了一种我们立项时就要求过的工作原则,一种学术伦理的坚持。民众以及他们中的口头传统传承人,在我们的视域中,不是一般意义上的"研究对象",不是学术的"材料",而是民间文化的承载者、秉持者、创造者和传承者。他们在长期的历史进程中,以他们的才能和创造力,绘就了这些民族文化的"底色"。而我们都知道,一个民族的文化底色,是民族属性中决定性的要素。

在民族民间文化中,口头传统居于特殊的地位。在民俗学的论域中,口头传统有广义和狭义的范畴。广义的口头传统涵盖了口头交际的一切形式;狭义的口头传统则特指传统社会中的口头艺术。在这里,我们基本上是在狭义的意义上使用"口头传统"的。那么,口头传统有什么重要的呢?我们为什么要不遗余力地研究它、阐释它呢?口头传统的重要性,按照笔者的理解,可以概括为四点:其一,口头传统历史极为悠久,发展出许多复杂的机制和法则;其二,口头传统中蕴含海量的人类文化信息;其三,口头传统反映了特定社区人们的价值观和期待;其四,口头艺术门类繁多,其中一些达到惊人的艺术高度,堪称人类文明的"奇迹"。

下面笔者将逐条稍加论述。

首先,在历史上,在人类社会的无文字阶段,人类文化的传承主要是通过口耳相传完成的。口头传统的机能和效率，令人称奇。而且即便是在文字发明和使用了很久之后，地球上的绝大多数人口，还是不会阅读和书写。"文人"一直是一个传统社会中受人尊敬的少数特权分子。以中国历史上的情形而论，相信占人口绝大多数的农民，不是在屈原和李白诗歌的陶养下，而是在民间歌谣故事的哺育下成长起来的。即便强调上层文化和下层文化有彼此的渗透和影响，也不能想象众多的文盲农人有机会诵读和传承文人雅士笔下的佶屈聱牙之作。可以总结说，口头传统长期以来是各类社会信息传递的主要方式。历史悠久，地位显赫，且延伸到今天的民众生活当中，这才是我们对口头传统特别看重的一个原因。在我们的报告中，在那些从事牧业生活的哈萨克人和柯尔克孜人当中，可以看出，传统口头文类在民众日常生活中还是扮演着重要的作用。即便已经有了广播、电视，有了报纸、杂志，有了手机和固定电话，那些传统的民俗活动依然构成百姓生活的重要部分。

其次，口头传统包罗万象，是一个民族的百科全书。在新疆的传统社区，我们搜集到的口头传统资料，内容极为丰富，神话传说、歌谣故事、叙事诗和抒情歌、弹唱表演、谜语笑话、祝词赞词，不一而足。这些口头文类在长期的发展中，凝结了民众的智慧和人生经验，传递的是民众的情感和希望。在"十二木卡姆"组曲的演奏中，在阿肯弹唱中，在约隆歌的旋律中，在林林总总的口头文类中，社区的年轻人，开始学习做人的道理——从伦理道德到举止言行的规范等，开始形成关于族群起源、重大历史事件和杰出历史人物等的记忆，开始掌握生产生活知识，等等。如果没有这些口头文类的"知识传递"，我们很难想象沿丝绸之路的诸多民族如何从历史走到今天，如何保有和发展他们独具特色和魅力的文化。

再次，口头传统反映了民众的价值观和期待。这一点初看上去似乎不那么容易理解。通过这些田野调查报告，我们可以体会到，口头传统，在这些族群和社区中，绝不仅仅是一种传播方式，一种沟通和交际手段，而是一种生存方式，一种人生态度，一种通过它得以确认自身的存在和价值的媒介。不仅是对人和事的臧否态度，宇宙观和人生观，善恶和生死，对过去的记忆和体认，乃至对未来的期许，都熔铸在口头传统的演述中。仅从麦西热甫就可以发现多少原本被学界忽略的内容。所以，如果说口头传统诸文类是这些民族在长期的历史进程中的"核心价值体系"，确实不是虚妄之言。

最后，口头传统文类，特别是其中历史悠久、影响巨大的样式，乃人类进化过程中经过最长时间锤炼的艺术。所以，有西方学者称之为"人类表达文化之根"。口头艺术的发展，在不同的族群中走的是不尽相同的路径，得到的也是不尽相同的结果。不过，总体而言，这些表达形式言辞优美、内容丰富、生动活泼，富有浓郁的生活气息和民族的、地方的特色，并且在世世代代的传承中，吸纳了民众的语言宝藏，经由无数杰出艺人的加工和创造，形成蔚为大观的人类表达文化的奇景。篇幅之宏大，音韵之优美，故事之曲折，人物形象之栩栩如生，流传地域之广，时间之久，都难以想象。以具体事例而言，在维吾尔族"十二木卡姆"的表演中，在巨型史诗《江格尔》和《玛纳斯》的演述中，在活泼的阿肯对唱中，我们都能够发现民众的审美趣味如何塑造和规范着这些民间艺术样式。所以这里所体现的，不仅仅是民众对这些样式的"喜闻乐见"，民众通过直接或间接的方式，与民间歌手和艺人一道，参与了这些文类的创造，并为其存续和演进，提升和精炼，提供了前提和基础。

四

民众这些经过了千锤百炼的艺术，以往并没有得到学术界应有的关心。宫廷的、上层的文化得到彰显和追捧，民间的、下层的文化受到压抑和限制。民间口头艺术，往往成为文人雅士推陈出新的资源，成为催动陈腐的艺术思潮转向的催化剂。后来也被一些人拿来作为学术研究的对象，从中搜集被经典文献漏掉的"有用信息"。至于更早被统治阶级用作"观风俗""知得失"的渠道，则更是大材小用，乃至误用。

那么，通过调查报告和深入思考，我们应当从中得出什么样的结论呢？

在我们的调查团队中，多数属于特定文化的"局内人"，也有"局外人"。局外人的考察，多是"他观"。局内人的考察，多是"自观"与"他观"的结合，因为他们已然受过学术训练，已然具有跨越族际边界的视角。局内人"从内部"的观察，往往产生双重视点，并根据不同的需求，在来自特定文化传统的"内部知识"观点和来自"学术共同体"的"一般学术"观点之间反复切换。从中我们看到了学界与民间对话机制的形成。相比原来的来自学界的轻视和利用的取态，这种对话机制是一大进步。在民俗学、民间文艺学学科的演进历程中，我们看到了学人立场和态度的转化。无论是用以理解本土文化机制的"地方性知识"概念体系，还是用以文化间交流的"学术共同体"的分析性概念体系，都是我们今天所需要的。

但作为对以往学界偏重精英文化的反拨，我们倒更愿意强调对民间文化传统及其承载者的重视，也就是强调"以传统为本"，强调对于民间文化传承人的重视。对特定文化系统的理解，其底线是建立平等关系。在我们学者的报告中，读者可以看到这种基于文化上平等对话的努力。书中出现的那些饱经风霜的面庞，以及对他们杰出才艺的介绍文字，多少可以看作这种努力的见证。以传统为本，落到实处，就是站立在"民众的立场"之上。无论是从内部观察还是从外部观察，首先我们要摒弃居高临下的心态，摒弃文化上的偏见——这种偏见随处可见，小到对特定风俗习惯的嘲讽，大到种族歧视。其次，我们也坚决反对文化上的狭隘心态，反对民族文化上的"原教旨主义"。民族作为历史上的人们共同体，不是从来就有的，也不会永远存在下去——太阳底下没有永恒的事物。所以，历史地认识问题——在具体历史时空中认识问题，是我们各民族学者都要时刻提醒自己的。

（原载《中国西部的文化多样性与族群认同：沿丝绸之路的少数民族口头传统现状报告》，社会科学文献出版社 2008 年版）

"一带一路"话语体系建设与文化遗产保护

2014年3月27日,习近平主席造访联合国教科文组织巴黎总部,在其演讲中提出了"文明交流互鉴"这一重要思想:"文明因交流而多彩,文明因互鉴而丰富。文明交流互鉴,是推动人类文明进步和世界和平发展的重要动力。"①2016年8月,在"推进'一带一路'建设工作座谈会"上,习近平主席明确提出要加强"一带一路"建设的"话语体系建设"②。那么,从中国政府提出的"一带一路"倡议回顾联合国教科文组织(以下简称"教科文组织")在文化遗产领域制定的多边公约,进而思考当下的文化遗产保护如何在21世纪的人类可持续发展的多维图景中发挥其应有的作用,兼及如何让中国多民族的非物质文化遗产在"一带一路"话语体系中转化成不同文化间的对话资源,从而更好地实现"民心相通"这一"五通"之本,这些问题的讨论便构成了本文的基本思路。

---

① 习近平:《在联合国教科文组织总部的演讲》,http://www.xinhuanet.com/politics/2014-03/28/c_119982831_2.htm,2014-03-28。
② 中国政府网:《习近平在推进"一带一路"建设工作座谈会上发表重要讲话》,http://www.gov.cn/guowuyuan/2016_08/17/content_5100177.htm,2016-08-17。

一、文化遗产：概念与内涵的发展

在刚刚过去的半个多世纪里，教科文组织陆续出台了若干国际标准文书以加强文物和文化遗产的保护，主要包括《关于武装冲突情况下保护文化财产的海牙公约》(1954)、《关于采取措施禁止并防止文化财产非法进出口和所有权非法转让公约》(1970)、《世界版权与邻接权公约》(1952，1971)、《保护世界文化和自然遗产公约》(1972，以下简称《世遗公约》)、《保护水下文化遗产公约》(2001，以下简称《水下遗产公约》)、《世界文化多样性宣言》(2001)、《保护非物质文化遗产公约》(2003，以下简称《非遗公约》)以及《保护和促进文化表现形式多样性公约》(2005，以下简称《多样性公约》)。教科文组织的持续发力也反映了在现代化和全球化时代"文化与发展"这一命题已然引起了国际社会的严重关切，尤其是在"文明冲突论"和9·11事件的影响下，以承认并尊重"文化多样性"为主题的文明间对话、文化间对话和宗教间对话也频繁进入联合国系统的议事日程。作为承担教育、科学、文化、传播的政府间组织，教科文组织不断发展公约、建议案和宣言以及指导方针，一方面通过多边公约帮助各国进一步加强国际合作，另一方面也要吸纳各国的国内立法、行政的实践和政策。1998年3月至4月间，在瑞典斯德哥尔摩召开政府间文化政策促进发展会议并通过了《文化政策促进发展行动计划》。该计划明确指出"更新遗产的传统定义"，并承认所出现的一些新的文化遗产类别，尤其是文化景观、工业遗产和文化路线；加强对包括口头传统在内的遗产的研究、清查、登记和编目工作，以便能够为实施传统和科学的保护政策制定适当而有效的文件。

在此进程中，文化遗产的概念从内涵到外延也发生了重大变化，指涉越来越广：不仅指分布在世界各地的物质遗产，也指植根于不同文化传统中的非物质遗产，尤其是那些与人的生活世界息息相关的口头传统、表演艺术、仪式、节日、传统知识和传统手工艺等文化表现形式。这样的拓展显示出一种相辅相成的双重导向：一则引导人们承认"共享遗产",并将之作为"人类共同遗产"来进行表述;二则引导人们承认文化多样性及其形塑的多重文化认同,并将之视作推动可持续发展的创造力源泉。以下,我们围绕几个重要公约做一简略梳理,以便对目前全球范围内的文化遗产保护与话语资源的相互关联形成大致的把握。①

1972年《世遗公约》将自然遗产和文化遗存的保护融会贯通,在认同人类与自然和谐共处的同时,强调二者之间的平衡。在该公约框架下,遗产主要包括自然和人工环境中具有"突出的普遍价值"的文化遗产和自然遗产,如具有历史、美学、考古、科学或人类学价值的文物、建筑群和遗址等不可移动的物质文化遗产。《世界遗产名录》中以文化遗产、自然遗产和自然文化混合遗产三类做划分。随后,在该公约长达45年的实践中又发展出了更为广泛的遗产类型。迄今为止,世界遗产委员会已识别并定义了几种特殊的文化与自然遗产类型,包括文化景观、城镇、运河与文化线路,并制定了具体的指南以便对这些遗产申报列入《世界遗产名录》进行评估。诚然,这种开放性的拓展与文化多样性的讨论也有着内在关联②,而与遗产相互依存的地方社区对保护这些遗产及其环境也扮演着不可或缺的角色。随着第41届世界遗产委员会大会于2017年7月12日在波兰克拉科夫落幕,列入《世界遗产名录》的遗产项目已达1073处,涉及167个缔约国,其中文化遗产832处,自然遗产206处,自然与文化双遗产35处;另跨境遗产37处,濒危遗产54处,还有摘牌的文化遗产2处。193个《世遗公约》缔约国中还有26个国家尚未产生世界遗产名录项目。

教科文组织于1992年发起"世界记忆工程"。其目的是实施其《组织法》中规定的保护和保管世界文化遗产的任务,促进文化遗产利用的

---

① 限于篇幅,这里仅列举教科文组织在文化遗产领域制定的国际标准文书,但仍然需要关注联合国环境规划署通过的《保护生物多样性公约》(1992)及其框架下的"生物圈保护地",以及联合国粮食及农业组织发起的"农业文化遗产"等项目。
② 参见徐知兰《UNESCO文化多样性理念对世界遗产体系的影响》,博士学位论文,清华大学,2012年。

民主化，提高人们对文献遗产的重要性和保管的必要性的认识。从概念上讲，世界记忆工程是世界遗产名录项目的某种延续，但侧重于有世界意义的文献记录，包括博物馆、档案馆、图书馆等记忆机构或民间社会及非政府组织保存的任何介质的珍贵文件、手稿、口述历史的记录以及古籍善本等。截至2015年10月6日，世界记忆工程国际咨询委员会第12次会议在阿联酋阿布扎比闭幕，各国被列入"世界记忆名录"的文献和文献集合达到346份。值得注意的是，在联合国教科文组织第38届大会期间批准的《关于保存和获取包括数字遗产在内的文献遗产的建议案》(2015)①已成为迄今为止保护世界文献遗产的"标准工具"(normative tool)，并将电子形式的文献也纳入了保护范围。

2001年《水下遗产公约》规定，"水下文化遗产"指至少100年来，周期性地或连续地，部分或全部位于水下的具有文化、历史或考古价值的所有人类生存的遗迹，如遗址、建筑、房屋、工艺品和人的遗骸，及其有考古价值的环境和自然环境；船只、飞行器、其他运输工具或上述三类的任何部分，所载货物或其他物品，及其有考古价值的环境和自然环境；具有史前意义的物品。古沉船、沉没的城市、被水淹没的洞穴和其他对人类具有重大文化或历史意义的水下遗存在该公约中被给予了广泛关注和高度重视。随着公约的生效，国际社会在文化领域又有了一套完整的法律文书，不仅为长期被忽视的水下遗产提供了与陆地遗产同等的全面保护，同时从技术和专业角度促进国际交流与合作，这对水下遗产的合理保护来说不可或缺。自1980年以来，已有49处海洋和海岸遗产先后对接《世遗公约》进入世界遗产名录；自2007年以来，按照公约专门设立的"水下文化遗产最佳实践"公布制度已产生7项"最佳实践"。

而在2003年《非遗公约》的框架下，过去一直被忽视的各种传统

---

① https://unesdoc.unesco.org/ark:/48223/pf0000244675?posInSet=5&queryId=97dc3f79-899a-445a-8722-6ddb043df961.

文化表现形式和文化空间得到了前所未有的关注。随着"非物质文化遗产"这一新概念的普及，加入《非遗公约》的国家已经发展到174个之多（截至2017年5月12日），全球范围的非物质文化遗产，包括各种社会实践、观念表述、表现形式、知识、技能以及相关的工具、实物、手工艺品和文化空间都进入了人们的视野。该公约所界定的遗产领域主要包括：（1）口头传统和表现形式，包括作为非物质文化遗产媒介的语言；（2）表演艺术；（3）社会实践、仪式、节庆活动；（4）有关自然界和宇宙的知识和实践；（5）传统手工艺。截至2016年12月2日保护非物质文化遗产政府间委员会第11届常会在埃塞俄比亚首都亚的斯亚贝巴闭幕，全球列入该公约名录的非遗项目达到429项，其中"人类非物质文化遗产代表作名录"为365项，"急需保护的非物质文化遗产名录"为47项，"优秀保护实践名册"为17项；跨国联合申报项目共30项。

在联合国教科文组织主导的文化遗产保护运动中，上述公约框架下的各类遗产名录中到底有多少来自"一带一路"沿线国家还有待仔细统计，但是可以肯定的是，"丝绸之路"沿线的文化遗产及其之于文化间对话的历史人文价值和促进文化多样性的意义阐释空间，得到了持续的彰显和拓展，不论是海路还是陆路。鉴于"一带一路"倡议的基本框架基于传统概念上的丝绸之路而设计，本文认为有必要分析"遗产线路"或"文化线路"这一遗产类型及其概念之于促进区域间文化对话的特殊意义。"将线路作为文化遗产的一部分"专家会议期间（1994年12月，西班牙马德里）讨论了"遗产线路"或"文化线路"这一术语的概念，进而提出如下定义：

> 遗产线路的概念丰富多彩，它提供了一种有效的构架，使相互理解、多种历史观的共存及和平文化能在其中发挥作用。遗产线路由各种有形的要素构成，这些要素的文化意义来自跨国界和跨地区的交流和多维对话，说明了沿这条线路上展开的运动在时空上的交

流互动。①

而该公约《操作指南》在《特定类型遗产列入〈世界遗产名录〉指南》附件3中规定，一条遗产线路是否具备列入《世界遗产名录》的资格时，应予以考虑下列五点：（1）重新考虑具有突出的普遍价值的相关要求；（2）遗产线路的概念；（3）遗产线路可被视为一种特殊的动态的文化景观；（4）对遗产线路的认定基于各种力量和有形要素的集合，以见证线路本身的重大意义；（5）真实性条件也将基于线路的重要性和其他组成要素。线路的使用时间也要考虑在内，可能还需考虑其现今使用的频率和受其影响的族群对其发展的合理意愿。其中有关"遗产线路"的概念，则包括：

——基于运动的动态、交流的概念、空间和时间上的连续性；

——涉及一个整体，线路因此具备了比组成要素的总和更多的价值，也因此获得了其文化意义；

——强调国家间或地区间交流和对话；

——应是多维的、不同方面的发展，不断丰富和补充其主要用途，可能是宗教的、商业的、行政的或其他。②

从上述定义及其阐释看，文化线路作为遗产类型的提出秉承了联合国教科文组织早期开展的"丝绸之路整体研究项目：对话之路（1988—1997）"③的基本思路，对国际社会重新认识和反思人类的交往行动以及文化间对话对于当前的和平文化建设和可持续发展具有重要意义。长期在国际层面参与世界遗产保护和管理工作的景峰对《世遗公约》规定的

---

① 教科文组织世界遗产中心编：《实施〈世界遗产公约〉操作指南》，中国古迹遗址保护协会译，巴黎：教科文组织2016年版，第69—70页。
② 教科文组织世界遗产中心编：《实施〈世界遗产公约〉操作指南》，中国古迹遗址保护协会译，巴黎：教科文组织，2016年版，第69—70页。
③ 巴莫曲布嫫：《"丝绸之路"作为方法——联合国教科文组织"对话之路"系列项目的萌蘖与分孽》，《西北民族研究》2018年第4期。

文化遗产类型及其概念史的发展，包括国际国内有关丝绸之路及其沿线的文化遗产保护做出了全面系统的钩沉和梳理，其中也肯定了教科文组织和世界遗产委员会围绕丝绸之路与文化间对话的相互促进而做出的不懈努力。①2014 年，哈萨克斯坦、吉尔吉斯斯坦和中国共同申报的"丝绸之路长安—天山廊道"以"文化线路"被列入世界遗产名录，也充分说明跨境遗产案例一直是促进缔约国之间加强协作，带动缔约国与咨询机构、政府间委员会、专业研究中心以及当地社区进一步互动与沟通的对话实践，其中的经验以及一些教训都为"一带一路"话语体系建设如何结合文化间对话，促进文化多样性提供了参照和前鉴。

沿着这个方向，我们再讨论丝绸之路沿线的非物质文化遗产及其存续现状和保护实践之于促进文化间对话的意义看来也是必要的。非物质文化遗产本身就具备源远流长的人文传统，既是文化多样性的熔炉，也是可持续发展的保障；而文化多样性既是人类的共同遗产，也是"一带一路"沿线国家至关重要的文化资源。那么，在"一带一路"话语体系建设中，中国和相关国家的非物质文化遗产便构成了提供对话活力和资源的重要抓手。

二、"一带一路"倡议与非物质文化遗产保护的国际合作

正如中国政府在《推动共建丝绸之路经济带和 21 世纪海上丝绸之路的愿景与行动》(以下简称《愿景与行动》)中所宣示的那样，增进沿线各国人民的人文交流与文明互鉴，让各国人民相逢相知、互信互敬，共享和谐、安宁、富裕的生活②，是"一带一路"倡议惠及于民的中国方案。只有倡导文明交流互鉴，尊重各国发展模式的自主选择，求同存异、

---

① 景峰：《丝绸之路文化线路系列跨境申遗研究》，科学出版社 2015 年版，第 29—69 页。
② 国家发展改革委员会、外交部、商务部：《推动共建丝绸之路经济带和 21 世纪海上丝绸之路的愿景与行动》，http : //www.ndrc.gov.cn/gzdt/201503/t20150328_669091.html，2017-06-11。

兼容并蓄、美美与共，才能真正促进文化间对话。而如何在尊重文化多样性和人类创造力的前提下，结合相关国家的文化遗产保护实际，深入挖掘共享遗产之间的文化联系，营造文化间对话的良好氛围，提炼一系列共识性话题，推进双边和多边的人文交流，就成为国家文化遗产领域的政策制定者和学界不可推卸的责任。

2017年5月，教科文组织总干事博科娃在"一带一路"国际合作高峰论坛的"增进民心相通"平行主题论坛发言，呼应了习近平主席所提出的"丝路精神"，体现了中国与教科文组织富有活力的合作。截至目前，双方在文化、教育、科学、信息传播等领域的合作取得了丰硕成果，以下数字反映了一些基本情况：联系学校8所，教科文组织教席和姐妹网络20个，生物圈保护区33个，创意城市8个；世界遗产名录52处；非物质文化遗产名录39项，以及世界记忆名录10项。这些合作和参与反映了中国认可教科文组织在文化领域通过的若干公约和相关标准文书的理念，进而积极参与其实践的姿态。大而言之，这些基于国际合作的一系列实践依托的是教科文组织与成员国之间的互动和协作，相关项目和计划同样在许多成员国形成了辐射；尤其是文化遗产保护已然成为相关公约缔约国普遍关注的共同事项，并在几十年的发展中形成了国际社会共同使用和相互理解的话语系统，这便为"一带一路"倡议的话语体系建设奠定了良好的话语资源和对话空间。

非物质文化遗产维系着相关社区、群体和个人的文化认同和持续感，在民众的传承和实践中世代相传，在当下具有重要的文化意义和社会功能。令人稍感遗憾的是，国内学界和政策制定者对文化遗产如何融入"民心相通"的话语建设尚未给予高度关注。在近期出版的研究报告中，既有"一带一路"的大数据分析，也有"五通"的指数统计，但在"民心相通"这个专题下没有找到任何有关勾连文化遗产与人文交流的信息①；即便是"列国志"也几乎无涉文化遗产保护的基本情况②。以下，我们仅以非物质文化遗产保护的国际合作为主线，通过相关的几个话题来讨论"一带一路"的话语体系建设问题。

首先，如何从非物质文化遗产保护观察"一带一路"国家在文化领域的合作关系？《愿景与行动》将"一带一路"的范围描述为："丝绸之路经济带重点畅通中国经中亚、俄罗斯至欧洲（波罗的海）；中国经中亚、西亚至波斯湾、地中海；中国至东南亚、南亚、印度洋。21世纪海上丝绸之路重点方向是从中国沿海港口过南海到印度洋，延伸至欧洲；从中国沿海港口过南海到南太平洋。"习近平主席在"一带一路"国际合作高峰论坛开幕式上发表的主旨演讲中表示，"一带一路"建设植根于丝绸之路的历史土壤，重点面向亚欧非大陆，同时向所有朋友开放。不论来自亚洲、欧洲，还是非洲、美洲，都是"一带一路"建设国际合作的伙伴。③鉴于下文要做一个初步的统计分析，这里还是需要确定目前通过各种方式响应"一带一路"倡议的国家范围。虽然未见特别明确的说法，但以笔者所见，近年研究"一带一路"倡议的宏观报告中，分别有63国、65国和80国等数种统计依据④，这种数字上的变动恰恰说明"一带一路"是一个开放的概念，"一带一路"国家范围在逐步扩大，可能还会不断延展。

中国社会科学院民族文学研究所口头传统研究中心"'一带一路'国家非物质文化遗产保护研究课题组"依据国家发改委主办的"中国一带

---

① 北京大学"一带一路"沿线国家五通指数研究课题组：《"一带一路"沿线国家五通指数报告》，经济日报出版社2017年版，第162—185页；国家信息中心"一带一路"大数据中心：《"一带一路"大数据报告（2016）》，商务印书馆2016年版，第44—52页。
② 参见王胜三、陈德正主编《一带一路列国志》，人民出版社2015年版。
③ 习近平：《习近平谈"一带一路"》，中央文献出版社2018年版，第187—188页。
④ 依次见以下3种著述：《"一带一路"沿线国家五通指数报告》《"一带一路"大数据报告（2016）》《一带一路列国志》，出版信息见前揭。

一路网"的"各国概况"栏目中所列入的"一带一路"沿线和周边国家,加上已经与中国签订合作协议的国家,再加上《"一带一路"国际合作高峰论坛成果清单》中所列与中国签署了合作协议的国家,那么包括中国在内的"一带一路"国家共计84个[①]。根据教科文组织官网非物质文化遗产专题(ich.unesco.org)的相关数据进行统计,在这84个国家中共有78个国家加入《保护非物质文化遗产公约》[②];爱尔兰等16个国家虽已加入该公约,但尚无非遗项目列入。因此,"一带一路"国家中有63个缔约国已有非遗项目入选公约名录,共计258项,具体入选的名录类别情况为:人类非物质文化遗产代表作名录220项,占85%;急需保护的非物质文化遗产名录30项,占12%;优秀保护实践名册的8项,占3%。目前,全球已加入《保护非物质文化遗产公约》的国家共174个,在教科文组织公布的429项非遗名录项目中,由"一带一路"国家独立申报或联合申报的项目数量占60.1%,比例明显高于全球各地区列入名录的平均水平。若包括非缔约国,全球共有113个国家有非遗项目入选公约名录,其中"一带一路"国家占55.8%。另外,在以国家计名入选公约名录超过10项的13个国家中,中国、韩国、克罗地亚、土耳其、蒙古、印度、越南和伊朗8个国家属于"一带一路"范围,也是高于全球平均水平。[③] 课题组成员郭翠潇采用量化和数据可视化方法对来自"一带一路"国家的名录项目进行了系统梳理,并分别从项目数量、类别、领域、国家分布、时间分布、联合申报等角度进行统计分析,反映了"一带一路"国家参与《非遗公约》实施的基本情况、特点以及合作关系[④]。这样

---

① 中国一带一路网(www.yidaiyilu.gov.cn/)。
② 俄罗斯、马尔代夫、南非、新加坡、新西兰及以色列6个国家尚未加入《非遗公约》;然而,俄罗斯有2个项目在《公约》生效之前被联合国教科文组织宣布为"人类口头和非物质遗产代表作",后于2008年自动转入"人类非物质文化遗产代表作名录"。
③ 参见郭翠潇《"一带一路"国家〈非遗公约〉名录项目数据统计与可视化分析》,《民族文学研究》2017年第5期。
④ 参见郭翠潇《"一带一路"国家〈非遗公约〉名录项目数据统计与可视化分析》,《民族文学研究》2017年第5期。

的统计分析或许还可以走得更远，比如可以进一步围绕"丝绸之路经济带"北线、中线和南线以及"21世纪海上丝绸之路"西线和南线的划分，继续探讨相关国家的非遗传承、实践及保护策略。

就目前的分析看，在"一带一路"国家中，尤其是在传统的丝绸之路沿线国家中，我们可以做出基本判断说，非物质文化遗产得到这些国家社会各界的重视，在抢救、保护、传承、弘扬、清单编制、申报等环节的工作中，这些国家的政府、民众和相关专业人员都秉持比较积极的态度，以不同的方式努力落实联合国教科文组织在非物质文化遗产保护方面所倡导的原则和方法。较其他地区而言，传统丝绸之路沿线上的一些国家，自然环境相近、地域上彼此相邻、文化上长期互动和交流、天然阻隔不多等原因，更容易形成民族学所定义的"经济文化类群"和"历史民族区"等区域性文化板块。若是结合这一区域的名录项目来看，把文化遗产的保护工作与人类社会的发展进步的关联作为主要考量的维度，则该区域和次区域目前为外界所知晓的遗产项目，从诸多方面为我们提供了大量鲜活的样例，昭示着人类文明的进步和发展，民众的诗性智慧和惊人的创造力，在不同的国家或地区文化传统中以什么样的方式，成为维系和协调社会组织、传递知识和价值观、提供无可比拟的审美愉悦、建构人与自然的关系、发展人自身的综合能力的重要源泉。这方面的例子实在是太多了，这里随手举例说明。在中国新疆维吾尔自治区的维吾尔民族中长期流传着的麦西热甫，就是一个生动的事例。麦西热甫是维吾尔族传统文化的一个极为重要的载体。作为一种综合性的文艺表现形式，该项目集纳着成系列的民俗实践和表演艺术形式，将饮食和游艺，音乐和舞蹈，戏剧和曲艺等整合为一体。不仅如此，麦西热甫还是民间的"法庭"，负责评断是非，调节冲突，也是"课堂"，教导民众礼仪规矩、道德伦理、文化艺术及传统知识等。这就等于说，一宗综合性的民间文化遗产，以其生命力和影响力参与了社会文化的模塑和建构。

其次，如何结合公约精神促进"一带一路"国家的人文交流。在《非遗公约》的框架下，教科文组织建立起来的三类非遗名录连同国际援助一道成为保护非物质文化遗产的四重国际合作机制。与生物进化的线性特征不同，文化的进化往往是通过非线性的方式达成的，有时可能要跨越遥远的时空距离。不同文化之间的交流互鉴，对于人类进步而言，其意义和作用，往往超乎我们的预想。文化交流上的难和易，也往往都与文化交流的特质有关。

通过《非遗公约》名录观察文化合作的现状，颇能说明问题。在世界遗产名录中，按主题统计，海洋与海岸49处，陆地建筑149处，文化景观103处，林地91处，城市190处；按跨境计，共有37处（其中文化遗产19处、自然遗产16处、混合遗产2处、濒危遗产1处），虽然涉及65个国家，但在已列入的1073处遗产中占比不高。而综观非遗名录中，有个现象引起我们注意，那就是"一带一路"国家完成的跨国联合申报，比起其他地区来，在数量上多，在参与范围和规模上也比较大，且不论《非遗公约》较之《世遗公约》还"年轻"太多：在"一带一路"国家已列入名录的258个项目中，有20项是两个或两个以上国家联合申报的，占所有联合申报项目的三分之二①。其中有两个项目的联合申报超过了10个国家：一是"猎鹰训练术：一宗活形态人类遗产"，由18个国家联合申报；二是"诺鲁孜节"，由12个国家联合申报。一看便知这两个项目都是主要在传统丝绸之路沿线国家的主导下完成的。阿拉伯联合酋长国牵头发起"猎鹰训练术"的联合申报，参与国家还有奥地利、比利时、捷克共和国、法国、德国、匈牙利、意大利、哈萨克斯坦、大韩民国、蒙古国、摩洛哥、巴基斯坦、葡萄牙、卡塔尔、沙特阿拉伯、西班牙、叙利亚，这些国家横跨亚洲、欧洲和非洲。"诺鲁孜节"由伊朗发起，参与申报国家还有阿塞拜疆、印度、伊拉克、哈萨克斯坦、吉尔吉斯斯坦、巴基斯坦、塔吉克斯坦、土耳其、土库曼斯坦、乌兹别克斯坦。丝绸之路沿线国家尤其是中亚国家联合申报的项目明显高于其他地区，

---

① 参见朱刚《"一带一路"倡议与非物质文化遗产保护的国际合作》，《西北民族研究》2017年第3期。

就是这类文化遗产拥有诸多共享因素的一个表征。

假如我们看一看保护非物质文化遗产政府间委员会评审机构就"猎鹰训练术"所做的决议，就会对《非遗公约》及其《操作指南》所蕴含的理念有更为切近的理解。决议指出："猎鹰训练术"最初是一种获取食物的方法，但随着时间的推移，该传统在社区内部和不同社区之间逐渐形成了与自然保护、文化遗产及社会参与的更多关联。训练猎鹰，繁育它们，与它们建立更为密切的关系，成为许多国家的常见做法，虽然在一些具体环节上有所不同，但训练猎鹰的基本方法大体上是相同的。训鹰人认为他们自己是一个群体，还认为训鹰活动意味着与过去的联系，与自然环境和传统文化的联系。决议特别强调该传统为相关社区提供了归属感、自豪感和持续感，以及增强了文化认同；也强调该传统对"自然状态"的尊重以及对自然环境的保护，对保护猎鹰物种的积极意义等侧面。这里传递了至少几层意思，包括但并不限于：关于非物质文化遗产的保护，有助于增强关于人类文化多样性的理解和包容，有助于鼓励和推动不同文化之间的彼此欣赏和对话；有助于增强特定文化传统的社区和民众对自身文化的自豪感和自信心；有助于环境保护和人类在利用自然资源时应有的小心谨慎，取用有度的态度；有助于在动物的使用和驯养过程中，具有人性和人道主义的情怀，也就是说给予动物应有的关爱和尽量顺应它们的天性而与它们建立关系等。这些层面的考量，是一种既尊重不同文化传统，又符合现有联合国人权文件精神的立场。这里鲜明地、毫不含糊地传递了关于非物质文化遗产保护与人类社会可持续发展之间的直接关系，进而对这种关系对人类社会的长久发展的意义做出了比较完整的阐释。

共同参与"诺鲁孜节"申报的12个国家在地域上相邻，文化上长期相互影响，具有彼此相同或相近的文化事象，这并不难理解。从联合申报这个行动本身，也可以看到历史上丝绸之路在推动各个国家之间相互交流、相互影响方面直接的或潜隐的作用。另外，这种基于扩展的分批多次申报的过程，也是增进相互了解和彼此欣赏的有益实践。"诺鲁孜"意为"新的一天",具体时间指春分之日。从这一天开启的新年庆祝活动往往也是人们祈求未来生活繁荣的日子。在大约为期两个星期的节庆活动中,相邻各民族民众用象征纯洁、光明、财富和生命活力的饰物装扮环境和居所,与亲人们围聚在餐桌旁,享用大餐;也会隆重装扮起来,探亲访友,与邻里交换礼物,对长者表达敬意等;大型的公共仪式活动会以多种方式进行,音乐、舞蹈、其他类型的街头表演等,都构成了"诺鲁孜节"的组成部分。评审机构在决议中认为,"诺鲁孜节"实践的开展,涉及民间文化活动的诸多方面,包括庆典、仪式、游戏、餐饮、音乐、舞蹈、口头艺术、手工艺等。因此,该遗产项目有助于加强社会的文化认同和持续感,有助于通过家庭和公共集会促进和平、和谐和相互尊重,并通过社会之间的互动,增进不同社区的彼此了解。在新的历史条件下,该传统也会借助大众传媒、互联网、研究机构、非政府组织和其他方式向更远的地区传播。而据联合国新闻报道,现在全球每年有3亿人在3月21日共同庆祝这个传统节日。

最后,如何把握非物质文化遗产的跨界共享与增进"民心相通"的话语关系。习近平总书记在2014年召开的中央民族工作会议上指出:民族地区是我国的资源富集区、水系源头区、生态屏障、文化特色区、边疆地区、贫困地区。只有了解了这个"家底",才能真正了解我国的基本国情。布歇在其题为"文化间交流的语用学:一个矛盾视角的有界开放性"文章中,解释了为什么文化间沟通总是应该在语境中进行,尽管在文化交流中通常会产生误解,但人们可以争辩说,促进相互理解实际上是全人类的共同利益。……要成为文化间的人,沟通不能为偏见所侵染。人类无法避免评估各种情境、语境、关系、人群和文化。关键是持有相互尊重和开明的态度,而不是鄙夷和偏见。只要承认人类各种互动方式都是有意义的,以及他们行动或相互行动的逻辑是多元化的,文化间交流就变得更加可敬。价值理解是良善和合理的,因为这种多样性和多元性总是使社会充满活力,乃至比以往任何时候都更能促进现代生活的创造性和互动性。①教科文组织《非遗公约》的快速发展和深入人心正好为我们创造了文化间沟通和交流的特定语境。

"民心相通"的话语资源,在我们熟悉的大量非物质文化遗产项目中都能观察到,例如近年来列入《非遗公约》名录的烤馕制作和分享文化、蒙古包制作技艺、皮影戏、剪纸艺术等,到处都洋溢着文化彼此影响的痕迹,到处都体现着人类极为出色的学习能力和再创造能力。而且,就以"沟通民心"而言,从口头传统(如玛纳斯、格萨尔、江格尔、兰嘎西贺等史诗)到表演艺术(木卡姆、阿依特斯、呼麦、多声部民歌),从传统节日(端午、春节、中秋、清明、泼水节)到人生仪礼(成年礼、婚礼),从有关自然和宇宙的知识和实践(珠算、二十四节气、中医针灸、太极拳、少林功夫)到传统手工艺(宣纸、龙泉青瓷、坎儿井、多民族的乐器),这些传统文化表现形式不论进入公约名录与否,大多跨界共享,通过民间互动,交流对话,水到渠成。润物无声的文化互鉴,往往比那些官方设计并推行的规划,更为有效和持久。

前文已述及,"文化遗产"这一概念几十年来已大大拓宽,尤其是通过相关公约搭建的国际合作机制,各国申报或联合申报的遗产项目逐步进入国际视野,从整体上提升了文化遗产的可见度,也促进了人们对保护文化遗产及其重要性的认识。中国是世界上文化多样性和生物多样性最为丰富的国家之一,拥有56个民族,说着130多种语言,语言系属复杂。他们操持着不同的经济生活方式,拥有不同的文化传统,发展出令人叹为观止的地方性知识体系。这些知识和文化,既是顺应环境的结果,也是指引人们更好生存和发展的智慧。关于文化遗产领域的探讨,对理解中国的文化格局和现状,也有极其重要的启迪意义。民族学家郝时远在其题为"文化多样性与'一带一路'"的主题讲座中,全面分析了中国文化多样性如何助力和丰富"一带一路"民心相通的若干问题。他指出:

---

① Dominique Bouchet, "Pragmatics of Intercultural Communication: The Bounded Openness of a Contradictory Perspective", *Pragmatics and Society*, Vol.1, No.1, 2010, pp.138-154.

我国边疆少数民族地区由于历史的原因，与周邻国家和地区存在着传统的交往关系，其中包括语言相通、文化相通、习俗相通、宗教相通等因素。例如新疆地区的多民族、多文化、多语言和宗教信仰等因素，与中亚几个国家都能够相通，跟西亚的国家也能够相通，甚至与其他伊斯兰国家也能够相通。这是我们的优势还是劣势？承载这些文化的少数民族，在"一带一路"建设的对外开放中，应该在民心相通方面发挥更大的作用。

……

习近平总书记引用司马迁总结先秦、秦汉历史有关"夫作事者必于东南，收功实者常于西北"的说法，指出："一带一路"建设，"对民族地区特别是边疆地区是个大利好。要深入实施西部大开发战略，加快边疆开放开发步伐，拓展支撑国家发展的新空间"。这一"新空间"就包括了边疆民族地区的文化多样性优势，也包括了承载多样性文化因素的各民族人民在实现"以人为本"的发展中发挥的对外"人心通"的优势。从这个意义上说，中国民族政策中尊重差异、缩小差距的基本理念，与"一带一路"大棋局倡导的人文精神和互利共赢，是完全相通的。①

值得注意的是，近年看到有这样的说法，即践行民族政策、尊重民族认同会导致族群间的疏离感，会削弱民族团结。联合国开发计划署《2004年人类发展报告：当今多样化世界中的文化自由》就有对这些质疑的有力回应，可见持有这些看法不仅在国内，国外也有；不仅今天有，以前就有。所以，引用该报告中的话来说：鼓励多样性并不排斥忠诚和国家统一；多样性并不是剧烈冲突的根源；鼓励文化自主权并不是传统

---

① 郝时远：《文化多样性与"一带一路"》，《光明日报》2015年5月28日。

主义对人权的排斥和拒绝；多样性并不妨碍人类增长和发展。① 这样的论断，是意味深长的。

余论："丝路精神"与"一带一路"话语体系建设

2017年5月，习近平主席倡导要弘扬"和平合作、开放包容、互学互鉴、互利共赢"的"丝路精神"，为丝绸之路注入新的时代内涵。作为"增进民心相通"平行主题会议上的首位发言人，联合国教科文组织总干事博科娃也回顾道："在几千年里，丝绸之路的传奇故事讲述着遇见——民众间、文化间、宗教间、知识间的遇见。丝绸之路讲述了相互理解驱动下的人类进步的故事，提醒我们没有一种文化能够孤立封闭地发展繁荣。"进而她指出，通过代表古老丝绸之路精神的教育、文化与科学创新等软实力连接各国人民将为和平与共同繁荣创造新的机遇："一带一路倡议是一种软实力基本建设——为青年一代提供知识、价值观和开放的思想，让他们可以塑造更全纳、更和平的社会、掌握多样性的语言、能穿行于各种文化之间。"文化遗产保护与"民心相通"关系密切，发掘其中的话语资源可以为共建"一带一路"提供基于历史文化记忆、人文思想脉络和多重身份认同的智力支持，丰富"文明交流互鉴"的学理阐释。

以"共商、共建、共享"的理念为当前的全球治理提供中国方案，已经体现在国家层面的庄严表述中——利益共同体、责任共同体和命运共同体——成为向世界发出的诚挚吁请。冲破地域或区域障碍，沟通世界、促进人类和平，"一带一路"倡议当能发挥积极作用。文化遗产保护的中国实践能为促进世界文化多样性和维护人类永久和平提供什么对话资源，则是我们今天应当思考的重要话题。

民心相通是"一带一路"建设的社会根基。有学者认为，"一带一

---

① 联合国开发计划署组织编写：《2004年人类发展报告：当今多样化世界中的文化自由》，中国财政经济出版社2004年版，第2—5页。

路"不仅是一个经济事件,更是一个文化事件,是中国文明型崛起的标志。[①]在今天看来,这种有关"崛起"的言说已经与"文明交流互鉴"的平等对话精神构成了并不那么和谐的"强势"之声。不过,我们也注意到,还有一些学者已经从尊重文化差异和促进文化间对话的视角关注"一带一路"区域合作问题及其发展走向[②]。不论怎样,营造文化间对话的和谐氛围,让文化遗产成为交流、合作和相互理解的话语资源,既要讲好"中国故事",也要讲好"人类故事",才能在地方、国家、双边或多边、区域或次区域层面改进文化间对话及和平文化建设的环境、能力和方式。写到这里,遥想跨越了数千年的古今丝绸之路,跟随先哲们的脚步,我们迎来的无疑是一次次意义深远的"旅行"。

(原载《西北民族研究》2017年第3期)

[①] 参见赵磊《一带一路:中国的文明型崛起》,中信出版社2015年版。
[②] 刘威、黄晓琪:《主动应对文化差异 助推"一带一路"区域合作》,《中国社会科学报》2017年4月21日。

附录一

访谈：面向人类口头表达文化的跨学科思维与实践

姚慧（以下简称"姚"）：朝老师您好！近几年来，您的研究主要集中在少数民族文学和民俗学两个领域，在民俗学中更偏重于口头传统，口头传统中又侧重于对史诗的研究。在这一点上可以看到民俗学与文学的衔接。除案头工作之外，您还广泛参与社会实践，比如"非遗"的国际参与和评审工作，以及某些国际学术活动的参与和策划乃至推动。我们的这次访谈将围绕您的这几个重点领域展开，意在梳理您的学理性思考。我注意到，您在中国史诗学学术史回顾与国际学术话语体系，特别是前沿理论的梳理、总结等方面做了不少工作。您这样做的动机是什么？像您这样随时追踪把握国内外研究前沿和问题域，对您提出的"构筑'中国史诗学'体系"以及"创立口头传统研究的'中国学派'"的主张，有什么样的助益？

朝戈金（以下简称"朝"）：其实任何一个学者，假如想清楚地知道自己的学术突破、学术创建和学术特点是什么，都需要在整个学术阵营中找到自己的位置，这也是驱动我们梳理学术史的原因。有时，新话题的出现是由新技术、新观念和新的认知世界方式的提升所带动的。在这一点上，自然科学与社会科学是一致的。比如在物理科学领域，19世纪经典物理学肯定没能包括低温超导等前沿领域。我们有些社会科学的学者不能很好地参考同行的成果，只是关起门来做自己的学问，如此一来，就出现了一些问题：一是大量重复前人的成果，缺少创新性问题意识，缺少对自己学术的精准定位；二是自己的研究长期处于停滞状态。当然了，任何一个领域的学术梯队构成都呈金字塔型，真正能够拉动学术前进的只是很少一部分人，多数人做的只是材料梳理和知识传播工作。当然这也符合事物的正态分布规律。

姚： 对学术脉络的梳理与总结看似简单，但实际操作起来却不容易，尤其是对于青年学者而言。

朝： 当然！你首先需要长期的积累。我曾说过，劳里·航柯（Lauri Honko）和约翰·迈尔斯·弗里（John Miles Foley）是20世纪两位最伟大的史诗研究专家，像双星闪耀；格雷戈里·纳吉（Gregory Nagy）和理查德·马丁（Richard P. Martin）是杰出的古典学者；涅赫留多夫和日尔蒙斯基是20世纪俄苏学术体系中的著名专家；德国的海西希（Walther Heissig）在蒙古史诗母题系列等方面贡献卓著；卡尔·赖歇尔（Karl Reichl）是欧洲当今最权威的突厥语史诗专家。我有底气这么说，不是因为我会神机妙算，不是因为别人先这样讲，我不过是重复，而是因为我做了扎实的资料准备工作。学术史的梳理不是随口就能说的，你如何定位和评判同行，这是需要积累的。不做大量功课，怎么能说出来龙去脉和彼此的异同呢？

姚： 我大概能理解您说的，认识别人和认识自己往往也是相通的。

朝： 可以这么讲。

姚： 在这类成果中，我注意到《国际史诗学若干热点问题评析》像是一个转折的标志，此文是在国际理论前沿和世界各国田野案例的基础上，围绕中国史诗资源和史诗学理论的讨论而展开的，再以中国丰富多样的史诗案例来回应、反思国际学界的既定概念、理论和方法，其中所讨论的史诗界定的新维度、比较诗学的研究方法等论题都给人留下很深的印象，这里呈现的是基于中国史诗研究实践而产生的对史诗的传统要素及认同、本真性和典范性等问题的深入思考。从中可看到，我国史诗研究界在理论和方法论上的自觉意识。如果说直到20世纪末中国的史诗学者多是在努力追随西方学界史诗理论的话,那么近几年的中国学者,尤其是您本人,在《史诗认同功能论析》《国际史诗学若干热点问题评析》《"回到声音"的口头诗学:以口传史诗的文本研究为起点》《"多长算是长":论史诗的长度问题》等几篇论文中,已经在主动参与国际学界前沿学术问题的深度思考与建构,由此,是不是可以认为,口头传统理论的本土化实践正在逐步实现?那么,您认为现在与未来中国史诗学研究的重点、难点以及创新点分别是什么?

朝:这个"转折"是你的解读,我倒不完全赞同。其实我在《从荷马到冉皮勒:反思国际史诗学术的范式转换》一文中已经涉及了你说的问题。我们之所以要改造口头程式理论,是要实现其在地化,而且在这个过程中一直伴随着中国材料的大量运用,同时力求国际化的问题意识。我们的追求是,一方面,不是给西方理论做中国的注脚;另一方面,也不沉溺于强调自己文化的特殊性而认为我们事事独特,跟你无法对话。有些问题是大家可以讨论的,学术界有通则,有基本的学理性概念术语和规则。虽然我们用的材料有所不同,你偏重印度,他注重中东,另外一个人可能侧重中国,但大家到最后都会回到基本理论问题的讨论上。鲁斯·芬尼根(Ruth Finnegan)之所以在国际学界有名,就是因为她一直从非洲的材料出发做利姆巴人(limba)故事讲述等非洲口头传统的研究,她提出的"史诗是世界性现象吗"等问题,最后也回到了基本理论的探讨上。我认为,杰出的人文学术并不在意你用的是什么材料。比如在《"多长算是长":论史诗的长度问题》一文中,我尽量用不同国家的材料来讨论一些更基本的规律,因为只建立在中国材料基础上的理论提炼,有可能会被认为是基于地方经验,所以最好是兼用东西方材料。

我是一直朝着这个方向努力的。我曾对史诗学的术语阐释设定过基本规则,目的就是在讨论问题之前就告诉大家我谈的口传史诗、句法、步格、韵式等分别是怎样界定的,这些概念至少在我的话语体系内部是清楚的,有理论来源的,其中一些概念既参考了文学理论工具书的表述,也基于我的研究论域进行了拓展或附加说明,如我们怎么界定"传统"。

这样的努力其实本身就是朝向建设中国史诗学体系和口头传统的。所以说，我觉得这里所说的转折，不见得是从《国际史诗学若干热点问题评析》这篇文章才开始的。再说，我在早前与弗里合写的《口头诗学五题：四大传统的比较研究》，也是在广泛的中外比较中谈基本问题，如什么是一首诗，很多人觉得这都不是问题，但它就是问题。在不同的传统中，对一首诗的理解千差万别。还有像"什么是语域"这样的讨论，其实一直都是在广泛国际对话与比较视野中进行的。至于《国际史诗学若干热点问题评析》一文，是我在史诗讲习班上做的一个总结发言，后经整理形成文字的。虽然是偶然之作，但没有长时间的积累也无从谈起。

姚：您认为，现在口头传统理论在当下中国的本土化实践进展如何？

朝：主要的理论创建最初是西方学者做的。中国学者在今天和今后能做什么，可能做什么？我想，回答这个问题需要考虑几个维度：其一，中国口传的活形态性。现在中国拥有极为丰富的口头传统，形态多样、分布广泛、活态传承，是最好的田野场，这是世界上很多地方不能比拟的。具体说，中国多样复杂的语言类型、经济生活、文化生态、族群特点、宗教信仰等，为观察研究提供了最好的土壤。其二，中国拥有像苗族的指路经、布依族的盘歌、彝族的克智论辩、哈萨克族的阿肯弹唱、蒙古族的好来宝等很多地方性的独有文类，对它们的深入研究，既可为整体性的思考提供新鲜经验，也有助于解决更根本的全局性的问题。其三，虽然中国学者在最初的理论建设上参与较少，但我们后来并没有被落下太远，而且紧随其后，追踪他们的主要学术脉络和基本的学理性思考，这为我们在他们的基础上拓展和发展我们自己的学术提供了良好基础。要知道，这也不是所有国家都能做到的，比如日本，他们关于口头传统的相关研究一直都不太积极，在这一点上我们走在了有些国家的前头，我们既有丰富的资料，又有比较好的眼光向外博采众长的姿态，如果二者结合得好，相信是能够做出成绩来的。

姚：您刚才提到其他一些国家没有做到，我们做到了，这是否得益于当时您、巴莫曲布嫫和尹虎彬老师赴芬兰暑校学习的经历吗？或者说原因是什么？

朝：有关系，当时民俗学圈子里被称作"口传"的"四大金刚"的，在我们三个人之外，还有刘宗迪。2003年我们一起在《读书》杂志上发表了谈"口传"的四篇文章。我们几个人先后参加芬兰暑校，在美国学习，这些经验可能给我们带来了重新看待当时国内知识体系与知识生产状况的别样视角。与史诗研究相类似，当时国内的整体研究主要偏重于基于文学的民间文艺研究，而且还多少受到庸俗社会学方法的影响。而与之相比，西方同行已经在别的维度和层面上讨论一些更涉及对象内在特质和规律的话题了。所以，有所倡导，有所实验，也是顺理成章的了。

回想起来，当时通行的民间文学研究的理论范式已经越走越窄，歌谣学偏重于社会背景和文化思潮的讨论，故事学则侧重于形式结构的故事母题分析，研究论域上很少拓展。我们不是将口头传统看作一个个具体的事项，只停留在信息技术的层面来讨论它，而是将其作为一种认识论和方法论，从更基本的层面来讨论问题。我们的史诗研究之所以在口头文类的研究中发展顺利，也与此有关。对口头传统、口头诗学整体性的理解提升了我们对史诗理解的理论层次。当然，史诗研究整体上也有很宽的谱系，有些文章是一般性的资料梳理，有些是重复前人的观点，有些则属于前沿性、探索性的，关注更为根本理论问题的成果。

姚：20世纪民族音乐学界也出现了类似的学术范式转换，音乐学学者开始转向以田野调查为基础的民族音乐学或音乐文化人类学的理论与实践研究。事实上口头诗学理论与此类研究在方法与视角上有相通之处，您认为几乎在同一个时期、不同学科先后出现相类似的学术范式转型的原因是什么？

朝：不仅仅是民族音乐学学科，诸如口述史等新学科的出现也与此有关，赵世瑜称其为"眼光向下的革命"。从《原始思维》《野性的思维》到20世纪60年代关于口承与书写"大分野"的争论，再到70年代末80年代初联合国教科文组织《保护民间创作建议案》的推出，再联系到整个20世纪殖民地国家的民族独立和解放运动所形成的大时代背景，就可以理解是什么催生了这种"眼光向下"。

就拿我们熟悉的领域说，20世纪70年代出现的"民族志诗学"的宗旨也是要打破欧洲韵律和诗歌的观念。总之，整个20世纪对底层文化、边缘文化的关注，是一种明显的趋势。只不过不同学科怎么转，何时转，彼此有差异而已。依照我们的一般推断，最容易抱残守缺的一个人文学科，应该是古典学，但在20世纪六七十年代他们也在不断地完成类似的范式转向。米尔曼·帕里（Milman Parry）是古典学者，荷马是口头诗人便是由他提出的。

姚：这种现象的出现是否受到了人类学的影响？

朝：并不完全是，人类学的影响只是一方面。大的时代背景下产生的思潮，不会简单由某一单一学科发动，进而形成席卷之势。信息技术的讨论、古典学的追问、人类学的成果、语文学的推演、民俗学的深耕，所有这些学科，都发挥了或多或少的作用。

姚：可能在同一时代背景下大家会有一种共同的看待问题、看待事物的方法？

朝：对。准确点说，是至少会有一批人在学术的立场转换上、方法论更新上，形成某种趋同性。

姚：如果说口头程式理论赋予了中国史诗学方法论嬗替和论域转换的话，那么当下的热点领域非物质文化遗产保护又带给了中国史诗学怎样的影响？

朝："非遗"保护其实是一种实践操作和工作技术路线，并不怎么涉及学科理论。当然它对学术工作是有影响的，如史诗研究中就有一些与"非遗"保护相结合的新话题。随着"非遗"保护工作的实施与推进，地方政府越来越重视非物质文化遗产工作，不仅配备人员、下拨经费，而且在政策方面也给予大力支持，以至在学术研究中产生了某些连带性的反应，其中包括对三大史诗、南方史诗学术研究的影响。同时，在资料建档和传承工作方面，也都有各方重视带来的影响，当然，这些影响也不都是正面的，学术还是需要特立独行，卓尔不群，需要有眼光，有见地，不是哪里热闹，就群起追随。

姚：" 非遗 " 保护确实有实践操作的层面，但我想可能还有另一个层面，就是全球一体化中 " 人亡歌息 " 的现象，它与 " 非遗 " 保护其实是同一层面上的问题，这应该也是一个国际社会需要共同面对的挑战与现实。您作为国际哲学与人文科学理事会主席和承担联合国教科文组织非物质文化遗产国际评审机构的中国民俗学会会长，在与国际学界的密切交流中，您认为有哪些问题是国际学界共同关注或达成共识的，中国学者在这一领域的当下与未来又能为国际学界提供怎样的经验与智慧？

朝：这就不是一个纯学术的问题了，这个话题可以说得简单点——全球经济一体化和文化标准化是一个晚近的趋势。所谓 " 标准化 "，是一个更宽泛的概念，比如英语等语言的广泛使用；流行音乐、好莱坞电影行业的整体性全球化运作以及这套文化产品生产制作的全球同步化；讨论哈利·波特的，除了其生产国，还可能有法国人、肯尼亚人、韩国人；发布活动可能这次在巴黎，下次在上海。全球文化市场的整合在不断将大家的文化与经济生活的各个方面放置在一个共同的消费场域中，而今天的互联网又在继续加剧这套运作模式。

在这个大背景下，所谓的 " 人亡歌息 "，宽泛地理解就是传统文化艺术正在全球的不同地域遭受很严重的冲击，不论在棉兰老岛、印度支那，还是在非洲、东亚和中亚，" 人亡歌息 " 的现象随处可见，作为专业工作者，我们所能做的也是有限的，有时候就像古建专家一样，要研究古建筑的建造图式、具体的工艺流程及其背后的知识体系等，寄希望于尽量长久地保护它，尽量别让它垮掉。同理，民间文化的研究者也希望能尽量保留那些优美的传统，使其活在当代。但大家都知道，历史的车轮滚滚向前，不少不能适应当代社会的传统就会淡出人们的生活，还有一些可能变换形式后，在新的历史条件下生存与发展。譬如我们或许是希望老百姓除了看电视，还能听评书就好了，但不知道这种愿望能否实现。当然，传统也不会说消失就消失的。文化发展有其规律，老百姓也有聪明才智，新时代也需要植根在历史的沃土上，所以，无论是"非遗"保护工作，还是民俗学学者的职业态度，我们都应该将社区、传承人与老百姓的文化自主权放在首位。我们不能替他们决定什么，我们所能做的，就是恪守专业伦理守则，知道我们专业工作的界限在哪里。

姚： 中国史诗学刚刚入选中国社会科学院的优势学科阵列，您作为这个项目的负责人，同时又是中国史诗学学科建设的领军人物，您将会在优势学科的平台上从哪些方面继续推进这一学科未来的发展？您对中国史诗学的青年学者寄予怎样的期待与希望？

朝： 这个话题不好说，学术当然是薪火相传好，但也有很多因素会影响学术传承，比如虽然19世纪到20世纪，欧洲一些国家都出现了大师级的东方学家，但他们的薪火并没有都得到很好的传承。全世界到处都一样，一个学术制高点，一个重镇，说衰退也就衰退了。学术的管理体制是否健全，学校当局是否会把它当一回事来重视和好好经营，或者年青的一代学者是否有这个抱负和胸襟，发展特定学科的历史条件到底是不是合适，有时候战争、经济危机等因素也会影响学科建设和梯队建设。所有这些变数加在一起，你只能寄希望于学术的传承，好好教育学生，指导学生，然后听天由命吧。

姚： 从学术层面看，中国史诗学的未来会是怎样的一番景象？

朝： 我不乐观，也不悲观。口传史诗研究首先要勤奋，要对社会人生有整体性的理解，只是书本知识不见得够用。史诗学很多问题的解答，不是足够聪明就能推导出结论来，不懂得民间艺术在民间生活中的样子，不懂得老百姓的真实生活，有时候说起话来就会荒腔走板，不得要领。此外，语言的训练，年青一代未必就能够轻易超越前辈。眼下中国人文学术处在一个颇为尴尬的时期，许多人文学科都面临类似的问题，古文字、宗教、历史等学科，都面临杰出人才短缺的局面。优渥的报酬、轻松的工作、舒适的生活，是年轻人普遍追求的生活状态。很少有人愿意皓首穷经，花多年工夫去做一件很艰苦的事。所以也不好说今后的史诗学术一定会步步提升，精彩迭现。

姚：从1995年您的《第三届国际民俗学会暑期研修班简介——兼谈国外史诗理论》开始，口头程式理论不仅影响到汉族民间叙事的研究，而且也被应用到藏族、蒙古族、彝族、土族、满族、苗族、壮族、瑶族、白族、回族、傣族、京族、锡伯族、纳西族、土家族、哈尼族、柯尔克孜族、哈萨克族、裕固族、保安族、维吾尔族、达斡尔族、傈僳族、赫哲族等众多少数民族口头文学的研究中，尤其是还被邻近学科的学者采纳，被应用到民族音乐学、戏曲和曲艺、民间美术等的研究中，在敦煌变文、山西秧歌、戏曲口头剧本、诗经、楚辞等专题研究中，可以看到有多方面的运用。您如何看待口头程式理论在中国的这种多民族、多领域、跨文类、跨文化的多样化实践？为什么口头程式理论能够对中国20世纪末以来的多学科领域产生学术视野与研究方法层面的有力影响？

朝：原来我曾想就民间艺术的某些基本规律做些探讨。其实对口头文类的规律总结，口头程式理论有见地，抓住了核心特质。但从另一方面说，民间艺术还有更为根本的规律，其中语词艺术的规律总结，只是一个环节。不过，这个环节和其他民间艺术门类在整体精神上是相通的，就是某种程式化的表达方法，在语词艺术领域，程式、典型场景、故事范型等，都有一套被美国的弗里教授叫作"大词"的表达单元，如某些"特性修饰语"的运用，如特定场景的处理，像形容将军的勇敢、姑娘的美丽、战争的残酷、景色的优美等，它都有一套相对固定的对应办法，以"经济"或"俭省"的策略，以尽量有限的手段，处理繁纷复杂的故事情景，这是民间艺术的智慧。

再往远一点说，炕围子画、剪纸、泥塑、年画、民歌等，哪个艺术形式不是高度程式化的？固定的主题，模式化的表达手段和技巧，相对固定的含义指涉，在长期的发展中逐渐被符号化了，"岁寒三友"松、竹、梅寓心性高洁，仙鹤、神龟寓长寿，蝙蝠寓意福，鹿寓意禄，花儿中的牡丹寓富贵，蒙古族民歌中的骏马寓力量和矫健等，不一而足。符号化是一种艺术具象的抽象化，而抽象化带来的"典型化"和艺术感染力，又是不够抽象的艺术所不大具备的。

对这些民间艺术现象进行深入思考后,会觉得这些艺术形式背后的规律是相通的。现在民族音乐学的某些成果也受到了口头程式理论的影响,假如不久后其他民间艺术门类的专家也从口头程式理论中获得启示,我也不会奇怪,因为民众日常生活和他们的艺术智慧,在处理相似情景时有相似的策略。口头程式理论虽是针对文学和口头传统而提出的,但它总结出来的规律却可以在很多艺术门类的分析研究中发挥某种示范作用。

姚:您最初引进口头程式理论到中国来时,有想到日后这套理论会对学术界有如此广泛的影响吗?

朝:想过。最初我陪赖歇尔去新疆做调查时,翻译了他的一篇关于口头程式理论的论文,当时我对民间文学不太感兴趣,只是觉得译了一个新鲜的东西而已,并没有太深的印象。20世纪90年代,从参加芬兰暑校开始,转向做一些民间文学的研究。我的研究领域也从作家文学转到了蒙古史诗、草原文化研究上,在这一转向过程中,我一开始也是不自觉的,后来在芬兰暑校的史诗小组,就发现他们讨论的话题都很深入,也很有意思,就逐渐萌生了通过新方法论的引入,冲击一下当时国内的学术。一次,在哈佛旁边的灯塔街(Beacon Street)的公寓,我和尹虎彬在那儿聊天喝酒,聊到有哪几个理论介绍到国内是最有用的时,我们俩一致想到了口头程式理论,所以引介这套理论到中国来,我们是有策划的,不是随机生发的。当时我们觉得此事若能促成,将来定会是件很有意思的事情。

姚:近年来,很多学科领域都在关注跨学科或跨界研究,您在《国际史诗学若干热点问题评析》一文中提到"比较诗学"的研究视野,此类研究可以打破学科壁垒与边界,使研究者跳出自身的局限,观察人类共有的文化思维与表达之根,但同时跨学科的比较研究又会对研究者提出更高的要求,对此您有什么样的经验与方法可以与学界同人分享?

朝:其实所谓跨界不跨界是比较匠气的说法,学富五车、融会贯通的大师,他才不会管你什么领域界限的事儿,他一出手往往就是漂亮活儿，他的境界和眼光就在那儿。像季羡林，高兴了弄一下糖史；像王世襄老先生，鸟笼子蝈蝈罐儿，桌椅板凳，无不是精深学问。我认为，对学术工作是否有兴趣，对文史哲相关知识是否有统揽式的眼光、广博的知识积累，逻辑思维是否绵密，语言表达是否精准，这些都是人文学科学者必备的基本素养。所以说，对一些问题的通盘考虑，会让你具有不同的眼光，你分析问题、回答问题时，就不大会受限于学科本身。你说我谈论的是一个戏剧学的问题，还是一个历史学的问题？我才无所谓呢。所以所谓跨界不跨界，这都是奇怪的说法。如果是经营领域，原来是搞电商的，后来跨到了金融领域，这是跨界，但学术没有这样的界限。

姚：有时候某些看法是被自己设定的一些条条框框束缚。

朝：而且是没出息的人才会这样做，因为知识本身是没有边界的。当它作为人类更广阔的精神领域谱系中的特定环节和部分时，我们为了研究方便对其进行分类，用动物学、植物学、社会科学、自然科学等学科来划定其范围。说你是某某领域专家的时候，是指你要在某个领域从事某项工作，而不是说你只能在这个领域回答问题。当然你要谨慎，跨出去讲话时，你得小心，准备不足说错话会让人家笑话，但不是说我是个历史学家，我谈论文学就犯规。

姚：您今天谈论的话题很有意思，使我受益匪浅，相信也会带给其他青年学者更多的启示，谢谢您在百忙之中接受我的采访，我们今天的专访到此结束。

采访和文字整理：姚慧
（原载《社会科学家》2018年第1期）

附录二

访谈：史诗与口头传统的当代困境与机遇

记者（明江，以下简称"记"）：随着全球经济一体化趋势的发展，许多国家都加强了对文化多样性的保护。不久前，在北京举办的"中国非物质文化遗产生产性保护成果大展"中，180多项在非遗生产性保护方面取得显著成效的传统技艺、美术、医药类项目同台展示，观众反响积极，很多观众手捧相机争相留影，场面非常热烈。我们知道，史诗与口头传统也是非常重要的非物质文化遗产，是否有可能纳入生产性保护工作环节中？如果不能，如何采取有效措施保护这部分非物质文化遗产？

朝戈金（以下简称"朝"）：很高兴你们注意到前几天的这个以"生产性保护"为主题的大展，一些代表性艺人令人叹为观止的艺术展示吸引了很多观众。这些展演生动直观地显示了民间工艺的繁复和难度，传递了民间审美情趣中令人仰视的高妙境界，还有其间蕴含的文化因子。

你提出口头传统是否可以纳入生产性保护，这个问题很有意思。事实上，世界各地的口头传统，在总量上十分惊人，重要性远远超过人们的想象。特别是在那些"无文字"社会中，口头传统在众多人们共同体的文明进程和社会发展中所起到的作用，更加核心和关键。信息的传递、文明的赓续，都仰仗知识的口耳相传。也是因为这一点，在联合国教科文组织关于人类非物质文化遗产的五大分类中，口头传统排在第一位。

随着文字的发明和使用，特别是技术手段的进化和社会组织运作方式的巨变，人类的交往和交流方式发生了巨大变化。信息的口头交际方式，特别是口头艺术诸门类，比如神话、传说、故事、歌谣、叙事诗等的延续和发展，就受到很大的影响。生产性保护，是非遗保护工作中的一个环节。那么，口头传统能否纳入这样的保护工作框架中呢？这并不取决于口头传统本身具有什么样的特质，而取决于该项遗产的大众消费状况和前景。如果人们愿意掏腰包去剧场观看史诗演述，那么，我认为史诗也可以变成生产性保护的艺术品。遗憾的是，史诗这种文类，主要产生于人类文明的相对早期阶段，它所处理的题材、主题和人物，它所传递的英雄主义精神和理想情操，它所运用的语言和采用的艺术呈现方式，都是面对特定历史阶段的人们的。虽然说，那些伟大的史诗具有"永久的艺术魅力"，但就总体而言，无论在哪个国度，今天已经很难通过市场手段来挽救濒危的史诗演述传统了。

但这并不等于说史诗已经没有多少价值，是可以轻易丢弃的累赘。比如欧洲史诗，就已经家喻户晓，成为众多艺术体裁和形式的素材以及主题。譬如希腊史诗出现未久，史诗故事的片段就以极为精美的形式大量出现在希腊彩陶绘制艺术上。再到后来，在整个欧洲的艺术史上，希腊神话和史诗无数次地成为造型艺术作品的核心内容。它们不仅是艺术审美体验的永恒对象，而且是创新艺术的灵感源泉。我去年与德国学者赖歇尔对谈古典学在我们各自国度的现状时，他特别提到，在年初出笼的德国最受读者欢迎的书目中，就有德译《荷马史诗》。

至于对这类大型民间诗体叙事文类，究竟应当如何"保护"，我觉得要具体区分不同情况，分别设计不同保护策略。譬如说，在青海的果洛藏族自治州，特别是在像德尔文部落这样的地方，史诗保护需要采取整体保护的策略，因为这里是著名的格萨尔史诗村，史诗传承和演述活动相当活跃。那么，尽量减少生硬的介入和指导，而是柔性顺势鼓励格萨尔演述活动的振兴和发展，是我们应当首先采取的策略。当然，切近地、科学地观察和记录史诗演述活动，也是当前学界应当抓紧做的重要工作。

记：我们可以看出，对苗族史诗《亚鲁王》的发掘和出版，学界认为是一项非常重大的成果，它的价值可与三大史诗比肩，能否介绍一下它的重要意义所在？

朝：《亚鲁王》的面世，具有多重意义。首先，它说明我们的非遗工作有多么大的难度啊。数度推行的对民间文化"清理家底儿"的普查中，它都没有进入有关人员的视野，这说明了非遗工作的复杂性和艰巨性。为什么会如此？我认为至少有这么几个原因，一个是《亚鲁王》类似有些民族中的"指路经"，功能是引导亡灵回到先祖故地。于是，它与丧葬仪式紧密相连，具有某种宗教信仰色彩，难免被看作"迷信活动"，怕难以融于主流意识形态，传承人和当地民众不愿意外界知晓，否则很难解释为什么这么大的一个叙事传统竟然长期不为外界所知。

其次，《亚鲁王》的故事因为与创世纪、咒语等结为一体，较难界定《亚鲁王》究竟属于什么文类。《亚鲁王》从演述语词的层面看，固然具有史诗所具有的基本形态和功能，但其内涵和功能，也具有其他民间叙事文类的特点，例如神话、传说和故事等，所以我认为它属于"超级故事"，带有混溶性，难以遽断其学术归属。《亚鲁王》的意义也主要在这里，它提示我们，搜集工作是没有止境的，不能因为进行过"普查"，就觉得摸清了家底儿。民间的文化蕴藏总是会令人吃惊的。

最后，不能简单化地对待民间文化事象，它们是民众创造和传承的，它们来自生活，顺应需要，不会严丝合缝地符合教科书的条条框框，这也就为界定、阐释和研究它们，带来了挑战。学界应当充分尊重民众文化的特性和规则，而不是方枘圆凿，削足适履，让教科书规范民俗事象。还有，从《亚鲁王》充盈着的英雄主义气概和苗族先祖的迁徙征战历程中，我们能够发现在今天仍然具有很高社会伦理和审美价值的因子，它们对今天的社会文化建设，依然具有难以估量的作用和意义。所以，《亚鲁王》的出版首先要归功于那些在民间长期传唱的众多史诗演述人"东郎"，特别是麻山地区的苗族民众。没有他们对本民族传统的坚守，我们今天就没有机会目睹这宗叙事遗产，并用文字誊写出来，刊布于世人面前。

记：相比"三大史诗",《亚鲁王》有什么样的特点？

朝：《亚鲁王》是在葬礼上口头演述的，意在通过引述他们的英雄祖先亚鲁王的坎坷经历和历史足迹，指引亡灵一步步回到先祖的故地。史诗演述是整个仪式活动的一个组成部分。我们知道，葬礼中还往往有"砍马"等活动，隐喻当年亚鲁王率众征战和迁徙的艰难和步步血泪。这就是说，史诗演述既是仪式化的，又是嵌入仪式的——是整个仪式活动规范着史诗演述活动。还有，因为《亚鲁王》具有类似"指路经"的社会功能，这也就同时决定了它的主要功用不是为了娱乐民众，而是唱给亡者听的，因而，它堪称苗民生死转换的一个不可或缺的"关捩点"。进一步说，《亚鲁王》绝不是一个可有可无的艺术消费品，而是与这些民众的宇宙观、生活观紧密联系在一起的不可或缺的人生重要内容。这是《亚鲁王》的第一个特点。

史诗的习得有禁忌——只有每年的正月和七月才能学习唱诵，其他时间不能习诵。史诗从学习到在仪式上正式演述，都不借助于文字，而是全凭口耳相传。可以说《亚鲁王》是典型的口头史诗，它的传承和演述过程，一定需要大量使用程式化的手段。这是该诗的第二个特点。

从全诗的结构上看，史诗的结构和故事线索像一棵大树，根须苗壮，枝叶繁茂。史诗的开头部分，是创世和族源叙事，这部分构成了树根和树干。这也是不同异文的《亚鲁王》所共享的，其同一性程度很高。再往后，不同的姓氏和家支有彼此不同的迁徙路径和历史轨辙，那么在枝叶上就自然形成了彼此的差异，构成演述文本的异文众多的现象。以树形构造来隐喻苗族民众的同根和分叉，同时勾勒不同支系之间的历史关联。这是该诗的第三个特点。

从内容上看，《亚鲁王》具有创世史诗、迁徙史诗和英雄史诗的三方面内容，"创世纪"部分用大量篇幅讲述宇宙起源、日月星辰形成等内容，后面又生动叙述亚鲁王如何为避免兄弟征战而率众远走他乡的艰辛历程。如果说中国史诗在北方游牧带分布的主要是英雄史诗，在南方高原农业和山地农业地区主要分布着创世史诗和迁徙史诗的话,像《亚鲁王》这样将三个主要类型的内容熔铸于一个叙事传统中的例子还不多见。也是由于这种混溶的内容,令这个叙事传统同时具有神话、传说、故事等特征。所以,如果我们称《亚鲁王》是"超级故事",是符合实际情况的。这是该诗的第四个特点。

与其他流传更广的史诗传统相比较,《亚鲁王》的传播地域相对集中和狭小,边界比较清晰。我们可以说,《亚鲁王》是属于那种带有明显"地方性"的传统,那么,相较于我们今天所知大多数史诗都是"民族的"史诗而言,《亚鲁王》则更具有"稀有样板"的意义。得益于地理环境的特殊性,麻山的苗族民众较好地保存了该史诗地域和亚族群的属性。这是该诗的第五个特点。

就语言而言,《亚鲁王》的叙事语言古奥难解,一些语词的含义,就连演述者自己也不清楚。这为我们更好地解读和理解它,设置了障碍,不过也为研究其起源和历史发展,研究古老的语言现象,提供了极为宝贵的语言学资料。这是该诗的第六个特点。

通过这六个特点,我想大家就可看出它的重要意义所在。

记:中国社科院民族文学研究所在史诗与口头传统的研究方面很有成果,这几年召开了多次国际性的会议,也在国际学界多次介绍中国史诗的资料学成果和理论思考成果。提到史诗,大部分人印象中就是"三大史诗",能否介绍一下中国史诗研究的整体情况?

朝:中国的史诗学建设这些年来逐步引起国际学界的注意,主要有两个方面的原因:首先,中国的史诗蕴藏极为丰富,世所罕见。东北的满—通古斯语族所代表的渔猎文化圈中,有数量可观的英雄史诗。从贝加尔湖到天山两麓,是北方游牧带,这里生活着的蒙古语族和突厥语族人们,世世代代创作了数量庞大的英雄史诗。青藏高原的史诗,主要流布在藏区的牧区,这里的英雄史诗传统,在篇幅、传承方式的复杂性,与民众精神生活的联系上,都令人称奇。从川滇高原延伸到云贵高原,在广袤的高原农业地区,我们见到诸多西南少数民族所创作和传承的大量创世史诗和迁徙史诗。这样一来,在中国境内,史诗传统涵盖了阿尔泰语系、汉藏语系、南岛语系等分属几个语系的上百种语言的史诗叙事传统。类型多样、语言多样、属性多样,是中国史诗的整体面貌。这令西方学者相当羡慕。我本人就不止一次听到过出自西方著名学者之口的感慨之言。

其次,在这么丰厚的材料基础上,我们试图进一步丰富和发展国际史诗理论,进而建构史诗学的中国学派。这种努力已经得到国际学界的一些肯定。例如,我们通过大量活生生的材料,对如何理解史诗的亚类、如何界定史诗、如何阐释史诗社会功能、如何理解史诗文本的多样化属性方面,都有不同于西方史诗学界一般见地的观点和某些新的维度。在史诗田野作业方面,在史诗文本制作方面,有些新观点已经得到较为广泛的认可。此外,中国史诗学学者队伍在如何介入史诗的抢救、保护、立档、传承、研究、振兴等联合国教科文组织倡导的非遗工作流程中,发挥了直接的、正面的、积极的作用。也就是说,中国的史诗学者,是努力将专业知识和技能服务于老百姓口头传统的保护工作中的。

记:为什么口头传统研究近年来成为国内外学术界研究的重点领域之一?中西方在口头传统研究方面,有什么不同特点?

朝:简单说,人类文明进步的过程是许多要素合力作用的结果。其中,信息传递技术的发展进步,起到至关重要的作用。今天国际社会和学界越来越意识到,人类知识的传承主要通过口头和书面两种方式进行。在过去的很多个世纪里,知识界偏重文字作用而轻视口传,现在发现这太片面,需要大力纠正,于是特别强调要抢救、保护和研究人类的"口头传统"。

至于中外在口头传统研究方面的不同,是个很大的话题。如果从研究对象和范围上说,中国的口头传统研究,目标直指民间口头艺术诸门类,如故事讲述、史诗演述等。美国的当代国情和社会发展,已经让他们的研究从传统口头艺术诸门类转向其他领域,例如,拒绝诗歌刊印而坚守口头吟诵的当代"斯勒姆"(slam poetry)诗歌运动,黑人聚居区的

"民间布道"现象,"布鲁斯"现场创编音乐流派,都是他们的研究热点。也就是说,口头传统的研究大多转向到了都市的口头创编活动上来。此外,中国的研究,在材料梳理和刊印方面成果突出,而在理论建设方面,稍显薄弱。反观美国,理论流派迭出,近年来,以"讲述民族志"为标志的三大理论——"口头程式理论""民族志诗学""演述理论"相继面世,影响相当深广。中国的口头传统研究,也从美国同行的理论中获益良多。

记:在当下的文化背景和社会背景中,史诗研究的意义是什么?

朝:大略来说,今天的史诗研究有这么几重意义:一则,史诗研究是人文学术研究的一个重要部分,在西方的学术传统中,对史诗的讨论从古希腊的柏拉图和亚里士多德时代就开始了。在东方,印度古典诗学成果中,很早就有对"大诗"——也就是史诗的讨论,因为他们很早就产生了卷帙浩繁的伟大史诗,像《罗摩衍那》和《摩诃婆罗多》等。中国的史诗学研究,历史虽然短,但发展势头较好,呈现出勃勃生机。史诗是人类精神和艺术创造中最为重要的形式之一,无怪乎在许多国家里,史诗研究都在人文学术研究格局中占据重要位置。二则,史诗研究对理解特定文化的作用巨大。在许多族群中,史诗是知识的集大成者,是特定民族精神文化的百科全书,它的文化史意义极为突出。三则,史诗的社会意义巨大。在许多国度中,史诗是民族认同的重要资源,是高扬民族主义、抵御外侮的利器。今天的芬兰人普遍认为,他们历史上最为重要的人物中就有史诗《卡勒瓦拉》的创编者伦洛特,是他和西贝柳斯"歌唱着让芬兰国旗出现在世界地图上"。当然,因为史诗的社会功能极为多样,研究它的意义远不止于此。

记:互联网时代,史诗和口头传统的保护面临什么样的机遇和挑战?史诗和口头传统未来的研究和发展方向会是什么样的?

朝:当今世界,信息交流技术获得了飞速发展,形成了新的模式,这确实在一定意义上深刻影响了传统文化的存续和发展。不过,我倒是觉得互联网和电子技术为口头传统的传播和存储,也提供了新的契机。不能一味认定新技术就是旧传统的掘墓人。例如,只有在新的音视频技术条件下，我们才能够不必亲临现场，而较为全面地反复地观摩一则现场的演述活动。在传统意义上的"现场"，则反而没有这样的便利。还有，也是通过音视频技术，我们才能较为整体地、多视角地把握景颇族"目瑙纵歌"这样大型的史诗表演，才能较为清晰地观察到大型集体舞蹈的移动轨迹是如何反射景颇民众的宇宙观和其他重要观念的。此外，电子技术为口头传统的记录、存储、管理和传播提供了难以想象的便利，为研究提供了绝佳的资料处理手段。

我甚至想，或许有那么一天，我们的青年学者们，在历史文化课的课堂上，或是旅途中，利用便捷的移动终端，在线观看荷马史诗的"语义网"式呈现，或是《亚鲁王》的片段，以对人类文明在不同时代、不同社会条件下，如何建构内部认同、如何教育后代、如何传递伦理规范、如何传授地方性知识、如何锤炼语言艺术表达技巧等，有直观、切近的了解。

人类社会从无文字社会整体上进入文字社会，信息交流技术的规则就有了很大变化，但是这并不意味着口头传统会死亡。语言能力作为人类最为奇妙的能力，经过长久的进化，今天仍然是多数人最为依赖的手段。在学术界，对于口头传统的研究虽开始未久，但已显示出宽广的前景，有学者在热烈探讨互联网与口语交流在规则和深层理念上的契合问题时，在探讨如何从口头传统的古老常新的技术中，推测人类未来信息交流的新方向和新规则。这不能不令人深思。

（原载《文艺报》2012 年 3 月 2 日）

编后记

文化艺术出版社王红女士表示愿意出版我关于非物质文化遗产方面的文字,我颇踌躇,原因是这些文字参差不齐,拣选编排耗时费力。姚慧博士是此事牵线人,又主动提出愿意承担投寄编辑工作,我也就答应下来了。

文稿集齐,大致翻看下来,发现有些知识点和介绍文字等,出现在不同的文章和讲话中。印在一册书里就嫌重复,于是做了一些删除和改动工作。

非物质文化遗产的理念并不告

编后记

易吃透，用于指导实际工作时遇到的困难更多。这里的文字既有些理性思考，也有从实践中总结的心得，希望能对从事那些工作的人们多少有一点参考作用。

这部文集的出版需要感谢出版社方面的不懈努力，感谢姚慧博士和其他同事的慷慨协助，特别需要感谢王红女士和责任编辑魏硕，他们极为认真的工作精神和出色的专业能力，令我肃然起敬！

彭戈云
二〇二〇年八月